VIVE CON PROPÓSITO: Creando Un Cambio Positivo y Duradero

Diseña una Visión de Negocio Alineada con tu Propósito de Vida

Nathalie Virem

VIVE CON PROPÓSITO: CREANDO UN CAMBIO POSITIVO Y DURADERO

Fotografía de la autora: Xu Darocha

DEDICATORIA

Con cariño a la memoria de mi madre y a su invaluable espíritu; a mi esposa, Arcelia, y a mis hijas Ámbar y Alejandra.

¿CÓMO PUEDO APOYARTE?

Hola. Me llamo Nathalie Virem y estoy aquí para guiarte al propósito de tu vida.

Trabajo con empresarios y con aquellos que cambian el mundo para crear lo que aún está por venir, redefinir la humanidad y cambiar el mundo.

¿Quieres romper el molde?

Mientras el mundo se rige por lo establecido, tú preguntas el «¿qué pasaría si?»

No dudes que cambiarás el mundo.

Los libres pensadores son chispas de evolución.

A quienes duden de ti…

demuéstrales tu valor.

Tienes la llave que abre un mundo mejor.

Juntos demos saltos cuánticos,

cruzaremos dimensiones infinitas

y elevaremos la conciencia.

Vive con propósito.

Porque el propósito

es esa llama eterna que arde sin morir.

Nathalie Virem

PRÓLOGO

Nathalie Virem es LA catalizadora del cambio. Ha estudiado a los grandes visionarios actuales que lideran un inusual éxito empresarial y ha recopilado extenso conocimiento sobre sus vidas y sus negocios, basándose en pruebas contundentes. Nathalie tiene un mensaje importante para el mundo empresarial y sus líderes, un mensaje que transformará la forma de pensar, actuar e innovar de esos líderes. Como experta empresaria, me impresionaron las investigaciones y los hallazgos de Nathalie. Sus ideas sobre cómo el propósito ayuda a los líderes y organizaciones a conseguir un éxito a largo plazo están fundamentadas en reflexiones visionarias. Recomiendo mucho este magnífico libro como guía para satisfacer tu vocación y conseguir un mayor impacto en el mundo.

Dra. Frumi Rachel Barr, empresaria y autora de El Arma Secreta De Un Directivo: Cómo Acelerar El Éxito

«Tuve el privilegio de participar en el programa para Dueños de Empresas y Liderazgo de Nathalie. Fue una experiencia integral que combinó ejercicios espirituales, científicos y prácticos, enseñanza teórica y dinámicas activas. Se sintió como vivir el viaje de la vida a través del emprendimiento.

Lo recomiendo a todos.»
— **Jimmy Delshad**, dos veces alcalde de Beverly Hills.

AGRADECIMIENTOS ESPECIALES

Para mi tío Horacio, por ayudarme a traducir este libro al español, por su apoyo, por su orientación y por su fe en mí.

VIVE CON PROPÓSITO:
Creando Un Cambio Positivo Y Duradero

ÍNDICE

INTRODUCCIÓN – ¿POR QUÉ EL PROPÓSITO IMPORTA?

El impacto de vivir con un propósito y el cambio positivo: Una conexión clave

¿Qué sucede cuando sueñas con transformar tu vida y la de los demás?

Vive con un propósito: Descubre cómo los visionarios de éxito usan el propósito - como un objetivo disruptivo y ético - para crear un cambio positivo y duradero en el mundo.

La relación entre el propósito y el cambio positivo ha sido un tema clave en el liderazgo durante años. Este libro explora cómo este vínculo impacta el éxito duradero.

Teoría del "Círculo Dorado": Un enfoque transformador

Al investigar para este libro, he partido de algunas suposiciones de la teoría de "El círculo dorado", descrito en *La clave es el porqué* (Simon Sinek, 2009), para examinar la relación entre el propósito, y el cambio positivo y duradero en el mundo y demostrar que, efectivamente, empezar por el "porqué" marca la diferencia.

¿Y si tu vida lleva tiempo pidiéndote un "por qué"?

Según mi investigación, este libro analiza el papel jugado por algunas de las contribuciones de los grandes visionarios de este siglo en la sociedad y aportará resultados sobre la correlación positiva y significativa entre el propósito y el cambio positivo duradero, probando cómo el propósito ayuda a garantizar el éxito y la sostenibilidad.

Mi historia: El propósito nació del dolor

En 2014, atravesaba momentos muy duros. Pasé varios meses en España, donde nací y crecí, para estar con mi madre, quien pasaba sus últimos días de vida en casa con cuidados paliativos. Había luchado contra un cáncer de mama durante 16 años y, tres años antes de fallecer, se le diagnosticó metástasis ósea.

En esos momentos difíciles, era como si el sufrimiento de mi madre, y su vida llegando a su fin, se reflejara en mi persona. Me di cuenta de que no estaba viviendo la vida que quería. Ni siquiera sabía lo que quería, y estaba profundamente insatisfecha con las opciones que había tomado hasta entonces en la vida y con mi situación en esos momentos.

Cuando la muerte de mi madre ya era una certeza para todos nosotros, llegué a un punto límite (o de ruptura) y decidí tomar medidas para alcanzar mis esperanzas y sueños.

El cambio: Un camino lleno de oportunidades

En ese instante, entendí que mi propósito podía nacer del dolor. Empecé a ver videos de motivación en línea y a leer libros de autoayuda que me estimularan en la búsqueda de una mejor versión de mí misma. Pasé tiempo averiguando quién era, cuáles eran mis valores, cuáles eran mis puntos fuertes y débiles, lo que quería en la vida, y ¿por qué lo quería? Contraté un *coach* de carrera profesional que me ayudó a descubrir mi pasión por el *coaching*, y empecé a dar pequeños pasos hacia mi transformación integral. Los cambios en mi vida surgieron en muchas direcciones y de muchas maneras, y se alinearon con mis valores fundamentales. Como me había transformado para mejor, las oportunidades comenzaron a aparecer y se multiplicaron. Cada paso en el camino ofrecía nuevas oportunidades. Y cada una de esas oportunidades era mayor y más difícil que la anterior. Al decidir tomar iniciativas para atrapar esas oportunidades con determinación, fui capaz de multiplicar mis pasos a la vez que éstos se hacían más amplios y rápidos.

Para febrero de 2015, ya había completado mi formación oficial como *coach* gracias al mundialmente famoso Coaches Training Institute (CTI). Lancé mi negocio de *coaching* y mi sitio web, que es lo que alimenta mi corazón y espíritu hoy en día. El propósito me encontró viendo los desafíos de la vida como oportunidades para tomar decisiones que respetaban mis principios.

Este ha sido un viaje increíble, con muchos altibajos. Estoy muy agradecida por todo y sorprendida por lo que he logrado hasta el momento. En ocasiones, la claridad y el propósito llegan acompañados de pruebas que la vida pone ante ti. En mi caso, sé que mi madre me abrió la puerta, por lo cual le estoy muy agradecida. La razón por la que estoy llena de agradecimiento por este viaje tan doloroso es porque ahora tengo claro hacia donde me dirijo, mi propósito en la vida, y cómo ese propósito se refleja en mi negocio como si fuera un espejo. Tengo el control de la situación y me siento plena. Sé que voy en la dirección correcta y tomo decisiones importantes a diario. Ahora me doy cuenta de cuándo es el momento de avanzar. Y ahora puedo mirar hacia atrás para ver lo mucho que he logrado, y sonreír.

Lo esencial para vivir con propósito

Hoy en día, combino mis habilidades, conocimientos y experiencia en el *coaching* para enseñar y ayudar a mis clientes de todas partes del mundo a vivir con un propósito.

Este libro será tu brújula para encender esa llama inextinguible en tu interior.

Si:

- Estás viviendo una vida sin sentido, sin creencias, sin un propósito o una causa;

- Te sientes frustrado e incompleto;

- Sientes inseguridad sobre ¿por qué estás aquí o por qué tu negocio existe?;

- Te sientes confundido sobre lo que pretendes lograr en tu vida, ya sea a nivel personal, profesional o espiritual;

- La vida se te presenta llena de retos

... entonces este libro, su conocimiento y ejercicios prácticos te resultarán increíblemente valiosos.

Porque sabes que si pasas tus días intentando lograr lo que realmente deseas, en última instancia, hallarás la realización eterna. Porque sabes que el propósito en la vida es una vida con propósito, y nada te hace sentir mejor que vivir con un propósito. Porque eres consciente de que una vez que el propósito venga a ti y te des cuenta de tu misión, encontrarás la felicidad duradera.

Tu mapa de impacto

Aunque cada uno de los caminos para lograr una vida con propósito es único, algunos tienen recorridos más duros o largos que otros. No importa en qué punto de tu vida estés, lograr una vida con propósito se puede conseguir. Sea cual sea tu situación actual, me gustaría que enfocaras cada día con estrategias sencillas y fáciles de asimilar, garantizadas para ayudarte a obtener éxito en la creación de un cambio positivo y duradero en el mundo.

LO ESENCIAL

- El propósito dirige la energía y el impacto.

- Las crisis personales pueden catalizar una claridad transformadora.

- "El Círculo Dorado" demuestra que todo éxito duradero empieza por el "porqué".

TU MAPA DE IMPACTO EN 3 PASOS

▸ **Paso 1:** Reflexiona sobre tu "porqué" y hazlo el centro de tu vida.

▸ **Paso 2:** Toma decisiones alineadas con tus valores y propósito.

▸ **Paso 3:** Utiliza tus fortalezas y talentos para impactar positivamente a otros.

CAPÍTULO 1 — HOY

I.   Reevaluando tu vida

Para vivir con propósito, tienes que evaluar tu situación actual. Comienza por hacerte estas tres preguntas: si un día tiene 24 horas, ¿cómo pasas la mayor parte de tu tiempo? ¿En qué gastas la mayor parte de tu dinero? ¿Cómo te sientes al respecto?

Recuerda: tienes el poder de escoger lo que haces y de escoger quién eres.

Todo lo que ofrezcas al universo, el universo te lo devolverá. Tu energía fluye en la dirección hacia dónde se enfoca tu atención. Cuanto más te concentres o imagines la sensación de aquello que deseas, más te devolverá el universo su energía en esa misma dirección.

Empieza a invertir tu tiempo, dinero y energía en las cosas que deseas en vez de en aquello que crees que necesitas. Si hay áreas en tu vida en las que inviertes demasiado tiempo, dinero o energía y que no te sirven para nada, detente y reflexiona.

Reevalúa tus prioridades rellenando la "Rueda de la vida" creada por el Coaches Training Institute (CTI): https://strategic-solutions-coaching.com/wheel-of-life.

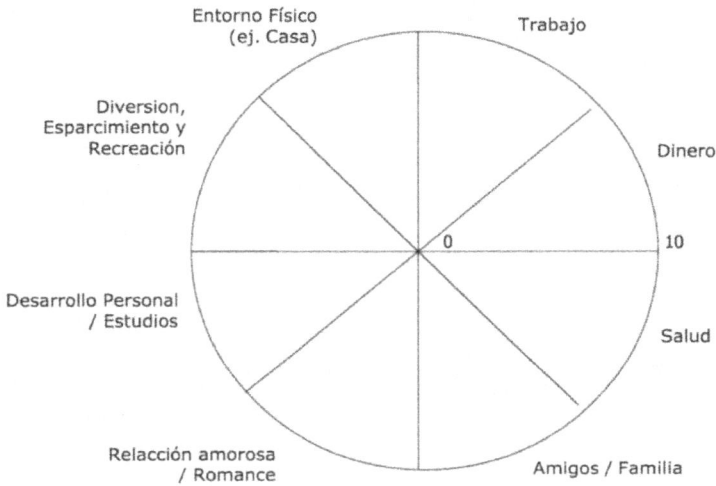

Las ocho secciones de la Rueda de la vida representan diferentes aspectos de tu vida. Observa el centro de la rueda como si fuera un 0 y los bordes exteriores como si fueran un 10—clasifica tu nivel de satisfacción con cada área de vida dibujando una línea recta o curva para crear un nuevo borde exterior. El nuevo perímetro representa el volante de tu vida. Si se tratara de una auténtica rueda, tendrías que preguntarte: ¿cuán accidentado sería el viaje?

Ahora que has evaluado tu situación actual con la "Rueda de la vida", es hora de tomar mejores decisiones, enfocándote en aquellas áreas en las que deseas que la vida te dé más, a la vez que dejas de lado aquellas otras que deseas con menos intensidad.

II.   ¿Quién eres?

La mayoría de nosotros pasamos nuestros días conociéndonos a nosotros mismos. El ser humano es una raza especial. Algunos pueden incluso decir que nunca se llegan a comprender de verdad y completamente.

Llegar a conocer quién eres es algo muy importante. Desde la década de los setenta, numerosos estudios e investigaciones han apoyado la "autoconciencia" como un rasgo clave en los líderes de éxito. Un estudio realizado por el Green Peak Partners y la Universidad de Cornell, el cual involucró a 72 ejecutivos con ganancias de 50 a 5 mil millones de dólares, reveló que "una puntuación más alta de autoconsciencia era el indicador más sólido de éxito".

No puedes saberlo todo sobre ti mismo, ya que estás en constante movimiento y cambio. Es importante invertir tiempo en conocerse y evaluarse a uno mismo a menudo a fin de ajustar la percepción sobre quién se es en ese momento.

Tus experiencias de vida moldean y componen lo que eres hoy. Tus pensamientos, sentimientos y acciones del pasado definen en quién te has convertido. Para llegar a conocerte a ti mismo verdaderamente, necesitarás tiempo y energía, reflexión y autodescubrimiento.

Tómate el tiempo para evaluar lo que eres ahora. Y vuelve sobre esta idea en unos meses. Reevalúa a esa persona de nuevo. ¿Sigues siendo el mismo? ¿En qué has cambiado? ¿En qué quieres ser mejor o menos en los próximos dos meses? Una vez hecho esto, piensa en cómo funcionas e intenta entender lo que eres. De esta manera, tu vida puede tomar la forma que deseas.

Tómate tiempo para responder a estas preguntas:

¿Cuáles son tus fortalezas, talentos y dones? ¿En qué áreas puedes mejorar?

¿Qué es lo que te hace único e irresistible?

¿Qué deseas transmitir a los demás?

¿Quién quieres ser?

¿Qué te apasiona? ¿Qué te inspira y motiva?

Para ayudarte a auto-conocerte y definir en quién deseas convertirte, piensa en la posibilidad de completar estos ejercicios:

1. Completa una prueba de personalidad. El ampliamente utilizado indicador de tipos Myers-Briggs Type Indicator® (MBTI®), basado en el trabajo de Carl Jung puede ayudarte a auto-conocerte. Este indicador puede ayudarte a entender cómo tratar tu energía, cómo asimilar información, cómo tomar decisiones y cómo lidiar con el mundo. Entra en www.mbtionline.com para hacer la prueba. También existe la prueba indicador de tipos Riso-Hudson Eneagrama Type Indicator (RHETI), una herramienta independiente y científicamente respaldada que te puede ayudar en este proceso de

autodescubrimiento. Para hacer esta prueba, dirígete a www.enneagraminstitute.com.

2. Pregunta a tus amigos, familiares y compañeros de trabajo como te perciben. Pedir que los demás te describan puede ser algo muy perspicaz y que te aportará información que posiblemente nunca hayas creído obtener.

3. Obtén tu carta astral védica de nacimiento. La astrología védica puede ayudarte a entender tus fortalezas, debilidades y deseos, así como tu capacidad para lograr lo que quieres. Te brindará información valiosa sobre tu evolución espiritual, felicidad y bienestar, y respuestas sobre tu propósito en la vida, prosperidad, placer y liberación espiritual.

4. Realiza autoexámenes regulares. Invierte 10 minutos cada día de esta semana en pensar y escribir sobre quién eres y cómo te gustaría presentarte ante los demás.

5. Compara la información recopilada en los ejercicios y comprueba qué te hace sentir bien y qué se presenta ante ti a menudo.

6. Lee el libro *The Brand You 50,* de Tom Peters. Este libro te ayudará a construir tu marca personal, aprendiendo a saber quién eres, qué representas y qué te hace especial, lo cual resulta ser una manera de destacar y promocionarte en el mercado.

7. Una vez completes estos ejercicios, reservar tu sesión estratégica: https://www.nathalievirem.com/strategic-session-application.
En ella analizaremos tus resultados y diseñaremos juntos tu plan de acción.

III. Gratitud

La gratitud es la lámpara que ilumina tu camino interior. La gratitud es la forma en la cual deberíamos empezar y terminar cada día. También hay que intentar recordar durante el día todo aquello por lo que estamos agradecidos.

¿Por qué es tan importante? Los ensayos clínicos realizados por el psicólogo Robert Emmons, quien ha llevado a cabo una amplia investigación sobre la gratitud, demuestran que el ser agradecido de manera constante puede aumentar considerablemente nuestro bienestar (reduciendo el estrés, mejorando el sistema inmunológico, disminuyendo la presión arterial, facilitando el sueño, etc.) y nuestra satisfacción con la vida (felicidad).

Por tanto, siéntete agradecido por todo aquello que ya tienes. ¡Siente esos sentimientos de gratitud para atraer más cosas buenas a tu vida!

La gratitud no solo incluye aquellas cosas materiales que posees para ser feliz; también incluye tus retos, preocupaciones o problemas. A veces incluso incluye toques de atención.

La gratitud es todo lo que te afecta a ti y a tus seres queridos.

Al sentir gratitud, reconoces y aceptas lo que te rodea, tus circunstancias, situaciones, oportunidades y amenazas. Tu entorno se compone de cosas que a veces se pueden controlar y a veces no, pero depende de ti decidir cómo deseas actuar en consecuencia. Cuando sientes gratitud, das el siguiente paso lógico para mantener, mejorar o cambiar los resultados en tu vida. Al sentir gratitud, puedes recordarte diariamente lo grande que es la vida y la suerte que tienes de estar vivo un día más.

Practica a diario siguiendo los pasos que se explican a continuación:

Piensa en las cosas por las que estás agradecido, ya sean cosas materiales, la gente, la naturaleza, los animales, asuntos espirituales, temas personales, asuntos profesionales, etc.

Escribe al menos 10 cosas por las que estás agradecido/a a diario. No importa si son buenas o malas, recuerda que la gratitud lo abarca todo. Observa tu vida y haz un listado de aquello por lo que estás agradecido hoy en día.

Por ejemplo:

Estoy agradecido por estar vivo.

Estoy agradecido por estar sano.

Estoy agradecido por ser un empresario/una empresaria.

Estoy agradecido por la gente a la que quiero.

Estoy agradecido por tener un techo sobre mi cabeza.

Estoy agradecido por los desafíos que estoy superando con mi práctica formativa.

Estoy agradecido por el trabajo que tengo. Etc.

LO ESENCIAL

- Tu presente es el punto de partida.

- La autoconciencia se cultiva con revisión periódica.

- La gratitud eleva resiliencia y bienestar.

TUS PRÓXIMOS PASOS

▸ Descarga y completa la plantilla de la Rueda de la Vida "Haz que tu Vida Funcione para Ti.". Si necesitas acceder a la plantilla para continuar con tu desarrollo personal, no dudes en enviarme un correo electrónico a contact@nathalievirem.com. Estoy aquí para apoyarte en tu camino.

▸ Anota hoy en una hoja 10 razones de gratitud y observa tu estado de ánimo al leerlas en alto.

Si necesitas apoyo adicional o acceso a la plantilla para tu desarrollo personal, no dudes en enviarme un correo electrónico a contact@nathalievirem.com. Estoy aquí para apoyarte en tu camino.

CAPÍTULO 2 — CREATIVIDAD

I.   ¿Qué es lo que quieres?

La ciencia ha demostrado que nuestra conciencia está sólidamente relacionada con nuestro mundo material. Puedes tener cualquier cosa que desees. Puedes atraer todo lo que tienes en tu vida porque eres el creador e inventor de tu propio mundo. Para iniciar el proceso de creación, desarrolla en tu mente una clara imagen mental de lo que deseas.

Este es un ritual que puedes practicar a diario. Puedes hacerlo cuando te despiertas, antes de irte a la cama o durante un descanso.

Cierra los ojos unos minutos. Visualízate teniendo lo que deseas y experimenta los sentimientos que tienes como si ya tuvieses todo aquello que deseas.

1. PIDE aquello que deseas

Elabora un listado de lo que deseas (escríbelo y añádele imágenes). Crea lo que se conoce como un tablero visual. Sé específico: qué trabajo deseas tener, con qué equipo deseas trabajar y cuál es el entorno en el que deseas trabajar, con qué líder deseas trabajar, qué habilidades deseas utilizar en tu trabajo, cuánto deseas hacer, y qué beneficios deseas recibir. Realiza una búsqueda en Google y copia imágenes de aquello que adoras, aquello que te inspira. Guarda las imágenes de lo que quieres: aquellas de ese coche que deseas, las de la casa con la que sueñas, las fotos del tipo de relación al que aspiras, las imágenes de los lugares a los que deseas viajar, y échales un vistazo con regularidad. Puedes cambiar lo que deseas en cualquier momento. Puedes redefinir tus deseos a medida que avanzas.

Pide al universo aquello que deseas en voz alta. Por ejemplo: "Estar sano". Repite lo que deseas en voz alta varias veces hasta que quede muy claro qué es lo que quieres.

Einstein definió la imaginación como "vista previa de las atracciones venideras" (carta a V. Besso, 1929).

2. VISUALIZA y SIENTE

El Dr. Denis Waitley, un destacado psicólogo que formó a astronautas de la NASA y a atletas olímpicos, afirma: «cuando visualizas, materializas». El Dr. Waitley ha desarrollado un programa denominado «Ensayo del Motor Visual». Además, siguiendo esta línea de pensamiento, Deepak Chopra habla sobre el poder de «atención» y sobre la «intención».

La mente no puede distinguir entre si está haciendo algo o, en realidad, solo está practicando. Si hay algo que deseas que se manifieste en tu vida, haz un esfuerzo para entrar en ese modo de pensar que te lleve a sentir las cosas como si realmente las tuvieras.

Para ayudarte a visualizar y sentir lo que deseas, sigue los siguientes pasos:

● Encuentra un lugar tranquilo, oscuro y privado.

- Escucha música suave, de meditación, para introducir tu cerebro en niveles de ondas Alfa (estado mental de conciencia relajada).

- Deja atrás el pasado y no pienses en el futuro. Relájate en este tiempo presente y visualiza los resultados que deseas en tu tablero visual a diario. Enfoca tu atención en cada uno de los deseos que anotaste en el paso PIDE durante dos o tres minutos.

- Al visualizar, entras en un espacio sensitivo en el que ya tendrás lo que quieres (intención). Tienes que crear un "teatro mental" y, al visualizar el resultado, utilizarás la cantidad de sonido, color y movimiento que desees. Por ejemplo: visualízate a ti mismo y a tu familia comprando la casa de tus sueños, y asegúrate de que experimentas las emociones y la reacción física que acompañan a la sensación de saber (estando convencido) que ya tienes esa casa. «Tengo una casa con tres dormitorios, un bonito jardín con un olivo, y una preciosa piscina donde mis hijos juegan». Repite: «Tengo...» varias veces hasta que no tengas dudas de que la casa te pertenece.

La sensación es lo que materializará tus deseos. Si tus emociones son positivas (esperanza, amor, realización), estarán alineadas con aquello que deseas. Si tus emociones consisten en la frustración, ira o culpa, será todo eso lo que se alinee con lo que no deseas. Sean cual sean tus sentimientos, quedarán reflejados en el proceso de aquello que está por llegar. Por lo tanto, cambia tus emociones a sentimientos positivos para atraer aquello que deseas, porque lo que se piensa y lo que se siente siempre es igual a aquello que se devuelve.

3. CONFIANZA

Ahora es el momento de rendirse, dejarse ir y confiar en uno mismo. Confía en que el universo manifestará lo que deseas. Cree en que puedes conseguirlo, cree que te lo mereces, y cree que es posible tenerlo. Despréndete del pasado y del futuro. Para ello, tendrás que practicar la conciencia del momento presente en todas tus acciones. Uno de mis libros favoritos para practicar este paso es *"El poder del ahora: una guía para la iluminación espiritual"* de Eckhart Tolle.

Al completar el paso de la CONFIANZA, tendrás que permitir al universo decidir el cómo y el cuándo. El universo te dará lo que quieres en la forma y el momento adecuados, una vez estés listo para ello.

También tendrás que reconocer los bloqueos que te limitan a la hora de conseguir lo que deseas antes de empezar el paso anterior, PIDE. La identificación de esos bloqueos y su limpieza son necesarios pasos previos. Así, antes de comenzar el proceso de creación, tómate tu tiempo para liberar la falta de confianza sobre tu capacidad de tener y lograr lo que deseas. Por eso, pide al universo que te guíe en la limpieza de estas creencias que te limitan. Tras ello, acepta las situaciones que el universo te envía. Puede que tengas que atravesar un período difícil para deshacerte del miedo.

Confiar en todo aquello que el universo te brinda, aunque sea difícil, te ayudará a limpiar tus pensamientos negativos y tus bloqueos, y a crear el espacio para que existan tus sueños.

4. PRACTICA LA GRATITUD

Sí, nunca dejes de practicar la gratitud. Una vez más, siéntete agradecido por lo que ya tienes y lo que deseas cambiar, mejorar o superar. Siente que la gratitud atrae más cosas positivas a tu vida.

II.   ¿Por qué deseas aquello que quieres?

Para alcanzar tus objetivos, descubre ¿por qué deseas las cosas que quieres y por qué haces las cosas que haces?, es importante que entiendas el porqué.

¿Por qué, por qué no? ¿Qué tienes que perder? ¿Qué es lo peor que puede pasar?

Asegúrate de que tu "porqué" esté alineado con tus valores y propósito (ya sea tu propósito personal y/o profesional).

Hacemos las cosas porque nos apasionan, porque nos inspiran. Cuando la emoción está ahí, hacer las cosas resulta sencillo. Entonces todo se aclara y podemos dar el siguiente paso naturalmente, sin ningún esfuerzo. Es como si ya estuviéramos previamente programados para hacer eso cuando venimos a la tierra.

Simon Sinek aplica deliciosamente esta teoría al campo de los negocios en su primer TEDx Talk: «Cómo los grandes líderes inspiran la acción».

Los grandes visionarios comienzan con el "porqué". ¿Por qué? es una manera de vivir y de pensar que otorga a los visionarios la capacidad de inspirar el cambio. Cuando un visionario comienza con el porqué, será capaz de poner en práctica sus ideas y su visión. Es debido al "porqué", o al propósito, que los visionarios son capaces de llevar a cabo sus ideas.

Estos visionarios son los que se destacan, obteniendo éxito y un impacto positivo y duradero en el mundo. Porque hacen las cosas de manera diferente y piensan de manera diferente, pueden inspirar al mundo a cambiar y a la gente a actuar.

La gente sigue a esos visionarios porque creen en aquello en lo que ellos creen, en su visión, en su porqué o propósito. Su motivación para actuar es algo personal. Actúan con el fin de obtener algo más grande que ellos, pero no porque tengan que hacerlo, sino porque quieren hacerlo. Tienen un sentido del propósito que no está conectado a un beneficio externo como el dinero, por ejemplo. Estos buscadores de deseos son los más fieles.

Estos visionarios tienden a tener más éxito y ser más innovadores que otros, siendo capaces de mantener su visión a largo plazo. Ellos son los que, a la larga, cambian el mundo de manera positiva.

Buscar tu porqué, tu visión o tu propósito como lo hace un visionario es algo necesario para obtener éxito y cambiar el mundo. Es un proceso de autodescubrimiento y autoreflexión. Comienza sintiéndote inspirado a hacer algo más grande que tú. La búsqueda de tu propósito, tu porqué, es en realidad la parte más fácil del proceso. La parte más difícil permanecerá fiel a ese propósito, causa o creencia.

Y aquellos que desarrollan acciones en torno a su propósito, más allá de su propia existencia o la existencia de su negocio, son aquellos que serán capaces de crear un cambio positivo y duradero en el mundo.

LO ESENCIAL

- Pedir, visualizar, confiar y agradecer activan el ciclo creativo.

- Las emociones positivas aceleran la manifestación.

- Imaginación + acción disciplinada = logro.

TU PRÓXIMO PASO

▸ Diseña tu tablero visual, colócalo en la puerta de entrada de tu casa y, cada vez que salgas, míralo y pregúntate: ¿esta salida está alineada con mi tablero?.

CAPÍTULO 3 — ¿POR QUÉ ESTÁS AQUÍ?

I.   Realización

La realización es lo que alimenta tu alma, corazón y espíritu. Es un estado del ser vivo, despierto, consciente y completo.

Las personas creen que pueden llegar a ser seres más plenos al llenar los vacíos en su vida. Piensan: si tuviera esto, si fuera esto, entonces estaría cumpliendo mis objetivos, me sentiría satisfecho. ¡Siempre gusta lo ajeno, más por ajeno que por bueno! Bueno, de hecho, a muchos solo les gusta lo ajeno.

Concéntrate en lo que puedes hacer hoy - ahora - para sentirte más satisfecho. ¿Qué acciones puedes llevar a cabo en este momento que te impulsarán hacia una vida plena?

Cuando te sientas realizado, estarás en armonía con las leyes del universo. Estarás alineado con la fuente de tu energía. Esto también puede darse en tiempos difíciles. Muy a menudo, podemos aprovechar nuestra paz interior cuando atravesemos duros problemas en nuestras vidas. El camino hacia la realización puede ser rocoso, desconocido y, a veces, aterrador.

Aquello que nos satisface es algo personal y está en constante cambio.

En mi primer capítulo y video mencioné la Rueda de la vida. Esta es una gran herramienta que puedes utilizar para realinear las circunstancias de tu vida hasta alcanzar un estado más pleno del ser.

Es importante que alinees tu propósito de vida con lo que deseas y tomes decisiones que respeten aquello que más te importa. Para lograr esto, deberás identificar tus metas, actuar y aceptar la responsabilidad de tus valores y propósito de vida. Hablaremos de esto en el siguiente capítulo y videos.

Si algo no te resulta divertido, no lo hagas. Si no te sientes bien, no lo hagas.

Estos son algunos consejos que puedes intentar para comenzar tu camino hacia la realización:

1. Date permiso para ser pleno: diviértete, ríe, practica cosas que te inspiran, conoce a personas que se sienten motivadas, y visita aquellos lugares que te hacen sentir plenamente   vivo.
2. Cambia tus lentes. Mira las cosas desde diferentes puntos de vista: desde el ángulo negativo, desde el ángulo positivo, desde el punto de vista del superhéroe, o desde la perspectiva de tu corazón. Tienes el poder de ver las cosas en la forma en la que deseas verlas.

3. Permítete fallar y volver a ponerte en pie. Los bebés se caen una y otra vez, pero nunca dejan de creer y lo siguen intentando hasta que aprenden a caminar.

4. Reconócete de manera positiva. Observa las fortalezas que posees. Siéntete orgulloso de lo que has logrado. Siéntete orgulloso de ser quién eres.

5. Muéstrate agradecido por las cosas que tienes, por lo que eres, por la naturaleza, por el bien en cada persona y por tu vida. Ama tu vida.

6. Anota tus emociones y sentimientos. Habla de tus sentimientos y emociones con amigos y familiares. Cambia tu punto de vista para liberar toda la negatividad y bloqueos, o se establecerán en tu espíritu.

7. Da y comparte lo que puedas con los demás. Alimenta a las aves, ofrécele una comida a una persona sin hogar, o cede tu asiento a una persona mayor en el autobús.

8. Mira la vida como un campo ilimitado de oportunidades. Reemplaza cada dificultad con un reto o una lección aprendida. Ponte en situaciones en las que nunca habías estado antes. Invierte en tu crecimiento y desarrollo personal.

9. Escoge cuidadosamente tus palabras y saca toda la negatividad, duda y miedo de tu vocabulario.

10. Acepta la imperfección. Aprende a vivir con la imperfección. Las circunstancias de tu vida siempre se pueden mejorar.

11. Celebra cada victoria. Celebra la vida. Sal de viaje una vez al mes. Celebra cada semana con tus seres queridos.

12. Sé consciente de cómo te presentas físicamente. Ponte de pie con los hombros erguidos. Sonríe. Mira a las personas a los ojos cuando te dirijas a ellos o los reconozcas por la calle.

\# 13. Permítete tener días malos y sentirte mal. ¡No pasa nada! La vida te retará para que te ganes la plenitud. Los momentos difíciles en la vida que te ponen a prueba, tan solo mejorarán tu necesidad de realizarte.

Como ya he mencionado en la introducción de este libro, sabes que pasarás tus días intentando lograr lo que realmente quieres para, en última instancia, encontrar la plenitud eterna. Sabes que el propósito de la vida es vivir una vida con propósito, y nada te hace sentir tan bien como vivir con propósito. Sabes que una vez que el propósito venga a ti y te des cuenta de tu misión, encontrarás la felicidad duradera.

II.   Valores

Para vivir con propósito, tienes que revelar tus valores. Como líder, alinear tus valores te ayudará a sentirte más realizado.

Debido a que tus valores determinan qué es lo más importante en tu vida actual (aquello que valoras), tus valores te brindarán tu propósito.

Los valores son personales y están en constante evolución. Representan lo que eres hoy, ahora mismo, en el momento presente.

Representan las características de tu vida vivida desde el corazón. Tus valores existen porque somos lo que somos hoy en día y porque son importantes para ti. Aquello que valoras está en armonía con tu corazón, alma y espíritu.

Los valores son intangibles. Quedan reflejados en lo que sientes, no en lo que tienes o haces. Llegan desde el corazón y se reflejan sobre ti como en un espejo.

Los valores se presentarán en tus experiencias de vida. En algunas ocasiones, es posible que no respetes tus valores y, otras veces, es posible luchar por ellos. Bueno, no deberías ser demasiado duro contigo mismo. Tan solo sé consciente de ello y trata de rectificarlo. Idealmente, no deberás comprometer tus valores, ya que éstos te ayudarán a determinar las mejores decisiones a tomar en la vida.

Puede llevar tiempo encontrar tus valores. Esto es debido a que tus valores se van mostrando a lo largo del tiempo. De hecho, es poco probable que obtengas un listado completo y preciso de tus valores en un solo instante.

Por último, debido a que tu sistema de valores es una herramienta poderosa para ayudarte a ver tu propósito, causa o creencia, es importante que los identifiques antes de concretar tu propósito de vida. Tus valores te señalarán aquellas opciones alineadas con tu propósito en la vida y te aportarán plenitud. También te guiarán cada vez que te encuentres en una encrucijada o ante una decisión importante, o si te alejas del camino.

Descubre 3 sencillos pasos para entender claramente tus propios valores:

1. Las cosas sin las que no puedes vivir. Las cosas que te hacen sentirte más feliz.

2. Las cosas con las que no puedes vivir, aquello de lo que te arrepentirás más.

3. Un momento de gran impulso en tu vida. Ese instante cuando la vida fue especialmente gratificante o desafiante.

Los ejemplos de valores pueden tener este aspecto:

- Visión / Propósito / Cambio

- Confianza / Integridad / Inspiración

- Empoderamiento / Transformación / Logro

- Espiritualidad / Armonía Interior / Desarrollo Personal

Este es un divertido ejercicio sobre valores:

1. Elabora un listado con tus valores.

2. Clasifica los seis primeros. Se puede cambiar el orden en cualquier momento. Haciendo esto, podrás aumentar tu concientización sobre los valores que más te importan en tu vida.

3. Determina cómo estás respetando actualmente esos valores, clasificándolos en una escala del 1 a 10.

4. Recuérdate a ti mismo tus valores importantes a diario y asegúrate de que estén alineados con tu visión sobre ti mismo. Ten en cuenta aquellos valores que cumples y de los que estás orgulloso.

Si estás teniendo problemas para tener claro tus valores o cualquiera de los otros conceptos de los que hemos hablado hasta ahora, me gustaría apoyarte a conseguir tus objetivos.

Puedes solicitar una sesión de descubrimiento de tu propósito de manera gratuita en la que trabajaremos juntos para:

- Descubrir lo que te bloquea para lograr la claridad del propósito;

- Obtener claridad sobre lo que te gustaría estar experimentando;

- Crear un plan, paso a paso, para alcanzar tu objetivo.

Saldrás de esta sesión con excelentes herramientas y técnicas que te ayudarán a obtener más claridad respecto a tu propósito y visión para que puedas lograr una vida que sea un gran legado para los demás.

Solicita tu plaza ahora mismo. Entra aquí para completar un breve cuestionario: www.nathalievirem.com/strategic-session-application.

III. Propósito personal

Los filósofos han estado escribiendo sobre el propósito durante varios siglos. Una vez que se reconoció la importancia del propósito en años más recientes, los científicos y el mundo de los negocios comenzaron a investigar el tema. Hoy en día, numerosos estudios científicos han demostrado que tener un propósito en la vida mejora nuestra salud y el funcionamiento cerebral, aumenta nuestra esperanza de vida, reduce el estrés e incluso conduce a una mayor felicidad con el tiempo.

Identificar tu propósito de vida es un proceso. Es un camino, no un destino. Es un trabajo en constante evolución. Al recorrer este camino, te encontrarás con situaciones y personas que te desviarán, o, por el contrario, te acercarán a tu propósito de vida.

Se necesita tiempo para obtener tu propósito y llegará cuando tenga que llegar. Aprende a disfrutar del recorrido hasta que disfrutes de ese descubrimiento que revelará tu propósito de vida.

Al principio, la búsqueda de tu propósito de vida puede resultar algo intimidante, pero fácilmente puedes dar uno o dos sencillos pasos que te ayuden a comenzar. Hay varias maneras de iniciarse en esta aventura: leer libros que te inspiren, aprender de la gente a la que admiras, pasar tiempo de autoreflexión y autodescubrimiento, llevar un diario, entrevistar a aquellas personas que son ejemplos de una vida plena o, sencillamente, a aquellos que se preocupan honestamente por los demás. Existe una razón por la que esas personas son parte de tu vida actual. Tu propósito en la vida es tu toque de atención. Es el hambre que llena tu corazón y espíritu, y el dolor que eres capaz de aliviar en ti mismo y en los demás.

Cuando utilizas tus dones, vives con un propósito. Si utilizas esos talentos únicos que la vida te ha dado, la experiencia a la que te enfrentarás, y las enseñanzas que éstas te ofrecerán, te ayudarán a construir tu propósito de vida.

Vivir con propósito es algo intencional. Tu propósito no es accidental. Hay una razón por la cual es tu propósito. Y tú eres el único que puede discernir tu propósito. Nadie más puede hacerlo por ti. Recuerda: tienes el derecho y el deber de vivir con propósito. El propósito de la vida es una vida con propósito.

Descubre y, tras ello, date cuenta de que tu propósito de vida es la clave para la plenitud. Cuando sabes con total claridad lo que quieres en la vida (ya sea espiritual, material, personal, profesional, físico o emocional), pasarás tus días logrando tu propósito y, finalmente, encontrarás la felicidad eterna. Establece objetivos claros y ten el valor de actuar en esa dirección.

Por tanto, sigue tu propósito y no aquello que la sociedad te dicte que es necesario para alcanzar la felicidad. Deja de lado lo que no tiene eco en tu corazón.

Estudia a los demás, especialmente a aquellos que te inspiran a ser más prudente. Estúdiate a ti mismo para iluminar, para elevar tu concientización y conciencia. ¿Qué dones tienes?

¿Y qué talentos? Identifícalos y aplícalos en la misma dirección que tu propósito de vida.

La clave del éxito es una vida con propósito, donde te colocas a ti mismo en un estado de alegría interior e inmensa felicidad.

El propósito de tu misión es aquello que tú decides. Pregúntate a ti mismo: ¿cuál es mi propósito en esta vida?

¿Cuál es la mejor manera de descubrir tu propósito de vida? Se puede mejorar la probabilidad de estar alineado con tu propósito de vida a través de:

- Hacer recorridos interiores guiados (visualizando), especialmente aquellos relacionados con tu niño interior. Para ayudarte a lograr esto, escribe aquello que te aportó inmensa alegría cuando eras un niño.

- La práctica de la autoexploración: decide cómo deseas interactuar con otros respondiendo a la pregunta: ¿cómo te gustaría que otras personas te vieran en relación con ellos mismos? Por ejemplo, pregúntate: ¿qué te hace ser una persona mejor a sus ojos.

- Aprende de los demás: identifica a tres personas que te inspiren y lee sus biografías o visualiza videos online sobre estas personas.

- Practica trabajo chamánico, como el yoga Kundalini o respirar como si estuvieras renaciendo, que podrá ayudarte a despejar obstáculos y obtener respuestas sobre tu propósito de vida.

- Tómate tiempo para escribir tu declaración sobre tu visión en la vida.

- Actúa. ¡Este punto es muy importante! Para cultivar tu misión en la vida, tendrás que plantar y cosechar tus objetivos. Establece claras metas personales, profesionales y espirituales y, tras ello, ten el valor de actuar para conseguirlas. Es difícil pensar en tu camino de búsqueda de tu propósito de vida. Es más fácil "hacer" tu camino en él. Cuanto más actúes, más claro tendrás cuáles son esas experiencias en tu vida que moldean tu forma de pensar. Empieza a actuar en dirección a tus metas y prueba cosas nuevas. Deja de pensar en si va a funcionar o si tan siquiera deberías intentarlo. A continuación, actúa sin demora

- Di no a esas experiencias de vida que no te aportan felicidad. Esas actividades te distraen de tu objetivo.

- Practica aquello que te hace realmente feliz. ¿Qué es eso que aporta una gran cantidad de felicidad o alegría a tu vida? Al hacer lo que más te gusta, te sentirás inspirado y podrás hacerte una idea de tu propósito de vida.

La claridad en tu propósito de vida llega, en última instancia, a través del proceso de explorar y actuar.

Cuando hayas completado este capítulo, reserva tu sesión estratégica: https://www.nathalievirem.com/strategic-session-application.

Así podrás compartir tu propósito de vida y trabajaremos juntos para clarificar tu visión y avanzar hacia la felicidad eterna.

LO ESENCIAL

- Realización = vivir alineado a valores.

- Los valores evolucionan; revísalos a menudo.

- Propósito personal es un viaje continuo.

TU PRÓXIMO PASO

► Identifica qué valores son esenciales para ti. Descarga y completa la plantilla "Define Los Valores De Tu Negocio."

Si necesitas apoyo adicional o acceso a la plantilla para tu desarrollo personal, no dudes en enviarme un correo electrónico a contact@nathalievirem.com. Estoy aquí para apoyarte en tu camino.

CAPÍTULO 4 — ¿POR QUÉ EXISTE TU EMPRESA?

I.   Propósito empresarial (El "Porqué")

El propósito de un negocio puede describirse como su "porqué". Es decir, ¿por qué existe la empresa? ¿Cuál es su objetivo, meta o función? Representa lo que vemos como posible. Un propósito empresarial está en el origen de tu visión. La visión también responde a la pregunta "¿por qué existe un negocio?" y abarca lo que la empresa aspira a resolver por los demás. Es el estado futuro deseado de la empresa. Por lo tanto, un propósito empresarial es también tu visión, o tu "porqué".

Una empresa debe sentirse motivada por algo más que ser rentable con el fin de explicar o validar su existencia. En otras palabras, obtener un beneficio es un resultado y no un medio para un fin. Un propósito empresarial debe estar alineado con una imagen más amplia, más allá de la visión que el visionario tiene para sí mismo. En cierta medida, debe impactar a la sociedad y al mundo. Debe paliar un dolor o resolver un problema para mejorar la calidad de vida del público en general.

Durante muchos años, la relación entre el propósito y el cambio positivo y duradero ha sido objeto de un polémico debate central en la literatura especializada. En la investigación de este libro, he tomado algunas suposiciones de la teoría de *El círculo dorado* (Simon Sinek, 2009) con el propósito examinar esta relación.

Veremos cómo visionarios de éxito que comienzan con un propósito son capaces de inspirarse e inspirar a otros. Y son capaces de conseguir que la gente los siga no porque tienen que hacerlo, sino porque quieren hacerlo. Partir de estos propósitos es lo que separa a un visionario con éxito del resto.

Un propósito o visión de negocios que no tenga en cuenta el papel más importante que la empresa tiene en el mundo, no será capaz de mantener el éxito a la larga.

Hoy en día, estudios de investigación demuestran que, para crear un cambio positivo y duradero, un negocio tiene que tener un propósito claro, definido, que sea totalmente entendido por sus partes interesadas. Las empresas solo ganarán seguidores cuando para los consumidores sea evidente el porqué existe ese negocio y cómo puede mejorar sus vidas.

La visión señala la dirección. De hecho, la Encuesta de cultura y creencias arraigadas de Deloitte, llevada a cabo en 2013 y 2014, comparte algunos resultados clave sobre el impacto de los negocios en el mundo y sus efectos:

1. Organizaciones que se enfocan más allá de las ganancias e inculcan una cultura de propósito pueden encontrar el éxito a largo plazo.

2. El 91 % de los encuestados (tanto ejecutivos como empleados) que dijeron que su compañía tenía un sólido sentido del propósito también aseguraron que su empresa tenía un sólido historial de desempeño financiero.

3. A pesar de los resultados de la empresa, los empleados (68 %) y ejecutivos (66 %) creen que los negocios no

hacían lo suficiente para introducir en su cultura un sentido de propósito destinado a inculcar un impacto positivo en todas las partes involucradas.

Por otra parte, un informe de investigación del Instituto EY Beacon elaboró un listado con sus puntos de vista bajo el título "cinco aspectos de cómo el propósito puede provocar mayor ímpetu estratégico y ser una fuerza motriz en la transformación empresarial y creación de valor a largo plazo". Estos son esos cinco aspectos:

1. El propósito inculca claridad estratégica.

2. El propósito canaliza la innovación.

3. El propósito es una fuerza tras y una respuesta a la transformación.

4. El propósito trata una necesidad universal.

5. El propósito construye puentes.

Un visionario debe tener en cuenta lo importante que es el propósito de su empresa y estar totalmente comprometido con comunicar su propósito empresarial al mundo. También es responsabilidad del visionario garantizar que las partes involucradas comprendan perfectamente el propósito empresarial. Esto permite a las partes interesadas evaluar si la empresa es una buena opción para ellos antes de comprometerse a participar en su propósito.

Por tanto, aunque una empresa debe ser rentable para existir, haciendo que el beneficio sea el resultado, también debe transmitir un claro propósito o visión con el fin de prosperar y mantener el éxito a largo plazo.

En mi caso, mi empresa existe para ayudar a los líderes, visionarios y empresarios a encontrar y alinear sus objetivos personales y empresariales de modo que puedan crear un cambio positivo y duradero en el mundo.

¿Cuál es tu situación actual? Si necesitas apoyo adicional para clarificar tu visión empresarial, no dudes en enviarme un correo electrónico a contact@nathalievirem.com□para reservar tu sesión estratégica. Juntos diseñaremos y ejecutaremos tu plan de impacto, paso a paso.

II. Misión empresarial (El "Qué") y estrategia (El "Cómo")

La misión empresarial describe lo "que" el negocio va a hacer para lograr ese propósito. Representa las actividades que la empresa llevará a cabo para la sociedad y para el mundo a fin de lograr su propósito.

Para inspirar el cambio y tener éxito a largo plazo es importante que las partes involucradas, tanto internas como externas, (clientes, empleados, inversores, proveedores, el entorno, los propietarios y la comunidad en la que opera la empresa) entiendan el propósito del negocio, así como su misión. Y es esencial que todas las partes comprendan cómo la visión y la misión del negocio les afecta y, sobre todo, cómo pueden afectar ellos a la visión y misión empresarial.

La estrategia de negocios define cómo la empresa logrará su misión. Esta estrategia incluye los métodos que el negocio utilizará para lograr su misión.

La estrategia se define en el proceso o valor de la proposición.

La misión empresarial también tiene que ser ética y responsabilizarse de asegurar la rentabilidad a largo plazo. El precio a pagar por no comportarse de una manera socialmente responsable puede ser la clave de la existencia de una empresa. Hoy en día, los consumidores están bien informados, por lo que es extremadamente difícil para una empresa ocultar sus acciones. Un negocio con valores entiende que ser rentable no es suficiente para asegurar su éxito y motivar a la gente.

III. Cómo el "porqué" de estar aquí se alinea con el "porqué" de la existencia de tu negocio

Como visionario, es importante darse cuenta de que tu vida tiene un propósito personal y otro profesional. Tu propósito personal se refiere a ¿por qué estás aquí?, y tu propósito profesional se refiere a ¿por qué existe tu empresa?.

Como visionario, también es necesario enfocar la cuestión: cómo se alinean tus propósitos personales y profesionales. Después de todo, ambos están sólidamente interconectados, y será imposible ver uno sin el otro.

Los propósitos personales y profesionales pueden evolucionar con el tiempo, y ambos son personales para ti. Cada uno de estos propósitos se diferencia de una persona a otra. Cuando seas capaz de alinear ambos, podrás disfrutar de una plenitud duradera. Si existiera una brecha entre los dos, podrás ser capaz de lograr grandes cosas, pero no serás capaz de crear un cambio positivo y duradero en el mundo, ni te sentirás completamente pleno. Tarde o temprano, sufrirás debido a esta realización.

Sabrás que estarás alineado con tus propósitos personales y profesionales cuando seas consciente de ello e integres todo lo que haces, ya sea personal o profesional, de manera plena en tu vida. En última instancia, tus propósitos personales y profesionales se fusionarán en uno.

Entonces, tus propósitos se convertirán en una unidad y estarán alineados con tu espíritu, tus objetivos y aspiraciones, que también serán uno. Llegados a este punto, cualquiera que sea tu propósito, personal y/o profesional, creará un cambio positivo y duradero en el mundo. Habrá calidad en lo que haces, y serás capaz de influenciar significativamente al mundo.

Vive una vida con propósito y sé fiel a ti mismo. El éxito llega desde dentro, al contactar con tu verdadera voz interior. Cuando esa voz interior se haga realidad, tan solo podrás tener éxito. Cuando eres capaz de alinear tus propósitos personales y profesionales con tus valores y tu corazón, el mundo, en última instancia, cambiará.

En lugar de poner tu atención en cosas que parecen prometedoras, desde una perspectiva personal y profesional, enfoca toda tu atención en aquello que tiene eco en tu corazón. Confía en tu intuición (o en términos más sencillos, confía en tu sexto sentido), y todo encajará.

«Nathalie está abriendo camino para que líderes conscientes y emprendedores sociales logren un cambio duradero e impactante en el mundo, siguiendo su Modelo de Negocio y su Marco de Trabajo.»
— **Mark Lack**, *Empresario, Inversionista y Conferencista*

LO ESENCIAL

- El propósito empresarial trasciende el beneficio económico.

- Misión = "qué". Estrategia = "cómo".

- Fusionar propósito personal y empresarial genera plenitud duradera.

TUS PRÓXIMOS PASOS

▸ Escribe en 1 párrafo la Visión de tu Negocio y compártela con tu equipo. Descarga y completa la plantilla "Crea la Visión de tu Negocio."

▸ Descarga y completa tu Modelo De Negocio Canvas con la plantilla "Crea Un Modelo De Negocio Canvas".

Si necesitas apoyo adicional o acceso a las plantillas para tu desarrollo personal, no dudes en enviarme un correo electrónico a contact@nathalievirem.com. Estoy aquí para apoyarte en tu camino.

CAPÍTULO 5 — VISIONARIOS DE ÉXITO, PROPÓSITO Y CAMBIO DURADERO Y POSITIVO

I. La teoría de "El círculo dorado"

Durante mucho tiempo, la relación entre el propósito y el cambio positivo y duradero se ha convertido en un polémico debate de gran importancia en la literatura contemporánea de liderazgo. Según el *Purpose Power Index 2023* de Zeno☐Group, las marcas percibidas como "con propósito" son 2,5 veces más propensas a ser recomendadas. Este libro adopta algunas suposiciones de la teoría de "El círculo dorado" descrita en *"La clave es el Porqué"* (Simon Sinek, 2009), a fin de analizar la relación entre el propósito y el cambio positivo y duradero en el mundo.

La teoría de "El círculo dorado" de Simon Sinek se inspira en un patrón geométrico sencillo. En cambio, la idea de la proporción áurea es una relación matemática que ha sido utilizada en el pasado por matemáticos, arquitectos, biólogos y demás profesionales.

"El círculo dorado" de Simon Sinek ofrece pruebas sobre los resultados positivos que los visionarios pueden obtener si comienzan sus empresas preguntándose "¿por qué?".

Esta teoría explica porqué ciertos visionarios y empresas influyen más en los consumidores que quienes no empiezan por el porqué. Al empezar por el porqué, los visionarios inspiran de forma sostenida.

Por lo tanto, la perspectiva de Simon Sinek es útil para comprender cómo un visionario puede inspirar y crear fieles seguidores al convertir una idea en un movimiento social que pueda cambiar el mundo.

Al imaginarte "El círculo dorado", visualiza un círculo formado por tres partes, como una diana. El "porqué" estará en el centro, el "cómo" estará en el medio, y el "qué" se encontrará en el anillo exterior del círculo. La teoría de "El círculo dorado" comienza desde el interior y se mueve hacia el exterior de esa esfera: comienza desde el "porqué", dirigiéndose al "cómo" y al "qué". Sinek cree que cada empresa sabe "qué" hacen sus productos, servicios, funciones laborales, etc., algunas saben "cómo" hacen lo "qué" hacen (cómo sus procesos o proposiciones son diferentes o mejores), y muy pocos visionarios saben "porqué" hacen lo "que" hacen. Con el "porqué" Simon se refiere al propósito, causa o creencia. Es decir, al ¿por qué existe un negocio?

Aquellos visionarios que se salen de la norma, y sus empresas, serán capaces de cambiar el mundo, independientemente del tamaño que tenga su empresa o del sector en el que opere.

El "porqué", en opinión de Sinek, consiste en actuar y comunicarse desde adentro hacia afuera: desde el "porqué" al "cómo" y al "qué".

Simon utiliza Apple como un ejemplo para describir el éxito de alguien a largo plazo. Habiendo cambiado para siempre la manera en la que los seres humanos utilizan la tecnología, Apple ha atraído a seguidores leales y, año tras año, ha probado que puede seguir siendo una de las empresas más innovadoras.

Por ejemplo, si Apple hubiera comenzado sus comunicaciones de marketing con el "qué" y el "cómo", el consumidor hubiera recibido este mensaje: «hacemos buenas computadoras que están muy bien diseñadas, son sencillas de operar y fáciles de usar. ¿Quieres comprarte una?»

Sin embargo, así es como Apple se comunica: comienza con el "porqué". «Todo lo que hacemos, todo en lo que creemos está destinado a desafiar el *status quo*. Creemos en pensar de manera diferente. La forma en la que retamos al *status quo* es haciendo que nuestros productos tengan un bonito diseño, sean sencillos de operar y fáciles de usar. Y hemos tenido la oportunidad de fabricar buenas computadoras. ¿Quieres comprar una?» De hecho, la mayoría de los anuncios de televisión de Apple de finales de los años noventa incluían un lema en una de las esquinas en el que se podía leer: «piensa diferente».

Debido a que Apple se comunica desde dentro hacia fuera, comenzando con el "porqué", la empresa es capaz de inspirar. Este es un ejemplo perfecto de la teoría de "El círculo dorado": «la gente no compra lo qué haces; compra el ¿ "por qué"? lo haces».

Sinek sostiene que no es por el "qué" por lo que Apple se distingue entre los demás. Se trata del "porqué" hacen lo que hacen, y todo lo que Apple hace sirve para demostrar su "porqué". Es decir, para desafiar el *status quo,* para pensar diferente.

Su aplicación de la teoría de "El círculo dorado" es una prueba de que Apple fue capaz de cambiar la industria de la música con sus productos, a pesar de no haber inventado la mayor parte de las tecnologías tras esos dispositivos y a pesar de la férrea competencia de otros.

Sus productos, aunque estéticamente agradables y fáciles de usar, no siempre ofrecieron las mejores y más sólidas características. Sin embargo, todavía siguen dominando el mercado.

Partiendo del "porqué" Apple se permite innovar de modos que ningún otro competidor podría, a veces incluso contra competidores mejor cualificados o en sectores alejados de sus funciones básicas.

La razón por la que Apple sigue siendo líder en innovación y continúa creando un cambio duradero en el mundo se debe a que desde la creación de Apple a finales de los años setenta, su "porqué" no ha variado. No importa que productos fabriquen o en qué sector se aventuren a adentrarse, y tampoco importa el "qué" de lo que hacen o "cómo" lo hacen, su "porqué" sigue siendo el mismo. Por lo tanto, si se quiere inspirar un cambio sostenible en el tiempo, se ha de comenzar por el "porqué".

Sobre la base de la teoría de "El círculo dorado", el "qué" se refiere al "pensamiento racional y analítico y al lenguaje" del ser humano, lo cual es "nuestro primer cerebro, nuestro cerebro de homo sapiens, nuestra neocorteza". Por otro lado, el "porqué" corresponde a nuestros sentimientos, como la confianza y la lealtad. Se trata de nuestro cerebro límbico. Este es el "responsable de toda conducta humana, toda toma de decisiones, y está incapacitado para el lenguaje", según

Sinek. De esta manera, para inspirar el cambio o motivar la decisión de comprar, hay que crear una conexión con el cerebro límbico del ser humano y ahí es donde está el "porqué". ¿Por qué se crea una acción para comprar? ¿por qué se crean seguidores y lealtad? A partir del "porqué" es cómo se tiene éxito, como visionario y como empresa, y también es la manera de mantener ese éxito.

II.   Visionarios de éxito

Esta sección del libro analizará el papel de algunos de los grandes visionarios de este siglo y su contribución a la sociedad.

El criterio utilizado para este análisis ha sido la investigación de unos pocos visionarios quienes se convirtieron en verdaderos modificadores de las reglas del juego y quienes han tenido un impacto significativo y sostenible en el mundo. Demostraremos cómo estos visionarios, al utilizar el propósito con un fin disruptivo o ético, son capaces de crear un cambio positivo y duradero.

Un claro ejemplo de un visionario de éxito es Steve Jobs. Jobs era más conocido como el presidente, cofundador y director general de Apple, Inc. Pero también era uno de los principales accionistas de Pixar Animation Studios, así como el fundador y director general de NeXT, Inc. Se trata de uno de los más grandes visionarios de este siglo. Jobs revolucionó el mundo de la tecnología, la música y el cine. Creó nuevas industrias y productos que, por aquel entonces, eran inimaginables, como la descarga de canciones por solo 99 centavos, la visualización de películas animadas en la computadora, ¡y el poder llevarte tu agenda, correo electrónico, colección de música, fotos y demás en tu bolsillo! Jobs hizo posible lo que estaba por venir. Y fue capaz de hacerlo porque utilizó el propósito.

Steve Jobs fue un niño adoptado en San Francisco. Asistió a la universidad durante un breve período de tiempo y, tras ello, abandonó los estudios, viajó a la India y estudió budismo.

A su regreso, en 1976, se convirtió en cofundador de Apple. En 1985, Steve Jobs fue forzado a abandonar Apple debido a un conflicto de intereses con otro ejecutivo de gran influencia. Steve se llevó a un par de miembros de Apple con él y fundó NeXT. En 1997, NeXT desarrolló WebObjects, una aplicación que se utiliza para generar y ejecutar los dispositivos de Apple y las tiendas de iTunes. Apple, Inc. adquirió la empresa. Una vez más, Jobs se convirtió en el director general. Tras ello fundó Pixar, una innovadora empresa que produciría las primeras películas animadas del mundo realizadas totalmente por computadora, como Toy Story.

Cuando Jobs regresó a Apple en 1997, la compañía estaba al borde de la quiebra. Pero con Jobs de nuevo a bordo, la empresa fue capaz de recuperar su rentabilidad. Esto fue posible gracias a que Jobs había regresado con un propósito y envolvió las posteriores campañas de marketing de Apple con este propósito: "piensa diferente". Cada producto e innovación en el cual Jobs estuviera involucrado, ya fuera en Apple, NeXT o Pixar, siempre había estado estrechamente vinculado al propósito de pensar de manera diferente y desafiar al *status quo*. En 2003, a Jobs se le diagnosticó un tumor de páncreas y, en 2011, falleció debido a una parada respiratoria que le produjo el cáncer.

Otros ejemplos de visionarios de éxito son Sergey Brin y Larry Page, conocidos como el Dúo Google. Los fundadores de Google se reunieron en Stanford en 1995, y en 1996 construyeron un motor de búsqueda al que inicialmente llamaron BackRub. En 1997, se decidió cambiar el nombre del motor y llamarlo Google. Desde entonces, la compañía ha generado miles de puestos de trabajo a nivel mundial y mil millones de dólares en ingresos. Hoy en día, se cree que los fundadores de Google son los multimillonarios más recientes de Estados Unidos.

En 2004, la empresa consiguió una oferta pública inicial (OPI), lo cual les permitía vender acciones como una empresa pública. Junto con su salida a bolsa, Google publica su mantra "no seas malvado", el cual sigue la creencia de los propietarios que "a largo plazo, recibiremos mejores servicios, como accionistas y de cualquier otro modo, por parte de una empresa que hace cosas buenas para el mundo, incluso si renunciamos a ganancias a corto plazo. Este es un aspecto importante de nuestra cultura y es ampliamente compartido dentro de la empresa". La OPI convirtió a muchos empleados en millonarios. Desde entonces, Google sigue innovando, ofreciendo productos gratuitos al mundo (Gmail, Google Apps, Google Earth y Google Maps, y muchos más), y cambiando el mundo. Por otra parte, los propietarios, Page y Brin, son las personas más ricas en los listados de millonarios a nivel mundial, siguen poseyendo una parte sustancial de Google, y mantienen el poder de votación en una de las empresas más innovadoras y disruptivas del mundo.

Y, por último, está Elon Musk, quien hoy en día es un gran visionario de éxito. Musk nació en Sudáfrica en 1971. Al cumplir 24 años, Musk ya había fundado su primera empresa, Zip2. Se trataba de una guía online de la ciudad para periódicos. En 1999, con tan solo 28 años, Musk vendió Zip2 por 307 millones de dólares. Ese mismo año, Musk formó X.com (empresa a la que se conoce hoy en día como PayPal). En 2002, eBay adquirió PayPal por 1,5 mil millones de dólares en acciones y Musk fundó SpaceX. Dos años más tarde, Musk invirtió en Tesla Motors. En 2007, SpaceX ganó un contrato de 1,6 mil millones de dólares con la NASA. En 2008, el mismo año que se convirtió en director general de Tesla, la compañía salió a bolsa. Aunque todavía bajo la supervisión de Musk, Tesla comenzó a vender el modelo S totalmente eléctrico en 2012. Ese mismo año, SpaceX comenzó su primera misión de reabastecimiento de servicios comerciales a la Estación Espacial Internacional para la NASA. En el año 2006, Elon Musk también fundó SolarCity junto a sus primos. En la actualidad, SolarCity es una de las compañías de instalación solar más grandes de Estados Unidos.

III.   Su propósito empresarial

Como se ha mencionado anteriormente, el propósito de un negocio se describe como su "porqué". Es decir: ¿por qué existe la empresa? ¿Cuál es su objetivo, meta o función?

Un propósito empresarial se encuentra en el origen de tu visión. La visión también responde al ¿Por qué existe un negocio y cuáles son los problemas que la empresa pretende resolver para los demás? Es el estado futuro deseado de la empresa.

Por lo tanto, un propósito empresarial es también su visión, o su "porqué".

Tomemos el ejemplo de Steve Jobs. El propósito personal de Steve Jobs era «eliminar la barrera de tener que aprender» a través de la tecnología y «desafiar el *status quo*». Su propósito, o llamada de atención, era tan claro para él que incluso durante los momentos más difíciles de su vida, (incluyendo cuando fue despedido de Apple, su propia compañía), fue capaz de crear un cambio positivo y duradero en el mundo. Como él mismo mencionó durante su discurso de graduación en 2005 por la Universidad de Stanford, todavía sentía pasión y aún estaba siguiendo su propósito en la vida. Y nada puede impedir que tengas éxito y crees un cambio positivo y duradero cuando estás alineado con tu propósito. Tu propósito personal está íntimamente conectado al ¿Por qué existe tu negocio? Y el propósito personal de Steve Jobs, «eliminar la barrera de tener que aprender», quedaba reflejado en el "porqué" existían sus negocios.

Apple existe «para crear herramientas para la mente que hagan avanzar a la humanidad». Todo lo que Apple hace es apoyar esa creencia de «desafiar el *status quo*». Apple cree en pensar de manera diferente. Y Pixar existe «para desarrollar largometrajes animados por computadoras con personajes memorables e historias conmovedoras que atraigan a un público de todas las edades», según su declaración de misión. Todo lo que hace Apple o Pixar refleja el propósito de Steve Jobs.

Otro ejemplo es Google. El propósito de Google consiste en «hacer cosas buenas para el mundo». También se sabe que el mantra no oficial de la misión de Google es: «no seas malvado». Como fundador, Larry Page aseguraba: «tenemos un mantra: *no seas malvado*, lo cual significa hacer las cosas lo mejor que sabemos para nuestros usuarios, para nuestros clientes, y para todo el mundo. Por tanto, creo que si nos caracterizáramos por eso, sería algo maravilloso».

El propósito personal de los fundadores se incorpora a su declaración de la visión de su empresa: «para organizar la información del mundo y hacerla universalmente accesible y útil». Una vez más, podemos ver cómo el propósito de los fundadores está perfectamente alineado con el propósito de su empresa. Desde que Larry Page era un niño, quería "hacer el bien" para el mundo; quería cambiar el mundo.

Google refleja la misión de Larry Page, esa que tuvo desde su infancia. Fundar Google es una imagen de sus aspiraciones como ser humano, al igual que Apple fue para Jobs.

En cuanto a Elon Musk, su propósito personal se centra en el ser humano y en su existencia. La causa de Musk es «proveer a la humanidad con el mejor futuro». Y aquí, una vez más, vemos la relación entre el propósito de Musk y los propósitos de sus empresas. La declaración de la visión de Tesla es «crear la compañía de automóviles más convincente del siglo 21 para llevar la transición del mundo a los vehículos eléctricos». La visión de SpaceX es «permitir la vida humana multi-planetaria». Y la visión de SolarCity es contribuir a «una alternativa más limpia y asequible para tus facturas».

IV.   Cómo cambiaron el mundo con su propósito

Ahora vamos a analizar la correlación positiva entre el propósito y un cambio positivo y duradero. Así es como el propósito ayuda a garantizar un cambio positivo y duradero en el mundo.

Está claro que, gracias a Steve Jobs, Apple cambió el mundo. Apple ha cambiado la forma en la que usamos la tecnología durante las últimas décadas. Se han creado e inventado productos que permiten que hagamos cosas que eran inconcebibles en ese entonces, como ser, literalmente, capaces de llevar la música en nuestro bolsillo gracias a un reproductor de MP3 como es el iPod. Aunque Apple no inventó la tecnología MP3, los consumidores perciben que fue Apple quien cambió la industria de la música. No es "qué" Apple hace lo que los distingue, es el "porqué" lo hace. Este es un ejemplo de lo que ocurre cuando una empresa comienza con el "porqué": son capaces de innovar en formas que otras empresas no pueden. Una y otra vez, Apple es capaz de acceder a nuevas industrias, inspirar acciones de compra, y ganar seguidores leales. Desde su creación, Apple ha formado nuevas industrias, creado millones de puestos de trabajo y generado miles de millones de dólares.

Lo mismo ocurre con Pixar. La innovadora creación de películas animadas por computadora de Pixar cambió para siempre la industria del cine. Con más de 10 largometrajes, Pixar ha generado mil millones de dólares en todo el mundo.

Steve Jobs es un claro ejemplo de cómo un visionario, al usar un propósito disruptivo y ético (mediante la eliminación de la barrera de tener que aprender a través de la tecnología y desafiar el *status quo*), puede crear un cambio positivo y duradero en el mundo.

También está claro que Google ha cambiado el mundo de manera positiva con el tiempo. Así, cambió varias industrias, como las de los motores de búsqueda, el sector de la impresión, la industria de la información, la de la publicidad y video, entre muchas otras.

Hoy en día, Google es el buscador más potente del mundo. Ya no tenemos que ir a una biblioteca para realizar una amplia investigación académica. Ya no tenemos que comprar libros impresos, periódicos o revistas. Google nos permite buscar audiolibros, libros electrónicos, periódicos, revistas, artículos y mucho más online.

Consecuentemente, se ha cambiado la forma de educar e informarnos a nosotros mismos.

Otro ejemplo de cómo Google ha cambiado positivamente nuestra vida es a través de la compra y posterior desarrollo de YouTube, que nos permite publicar y compartir videos de forma gratuita desde casi cualquier lugar y dispositivo de grabación.

Lo mismo ocurre a la hora de buscar direcciones en un mapa. Con Google Maps, puedes redimensionar mapas para adaptarlos y encontrar trayectos de carreteras. También se puede etiquetar o localizar servicios en un determinado lugar. La industria del GPS no estaría donde está hoy en día si no fuera por Google Maps.

La industria de la publicidad también se vio afectada en gran medida por Google. En el año 2000, Google comenzó a vender anuncios basados en búsquedas realizadas por los usuarios. El cambio que se produjo en el mundo de las empresas de la publicidad alcanzó a diferentes grupos demográficos.

Otro gran invento de Google es Android, su sistema operativo para teléfonos móviles que se lanzó en 2008. Desde entonces, Android ha sido un gran éxito, aportando grandes prestaciones y consiguiendo millones de seguidores en todo el mundo.

Estas son solo algunas de las maneras en las que Google, siguiendo su propósito "no seas malvado y practica cosas buenas para el mundo", ha sido capaz de crear un cambio positivo y duradero en el mundo. Y puede que esto solo sea el comienzo. Google tiene muchas nuevas innovaciones en marcha que podrían continuar dándole forma a nuestro futuro.

Por último, las empresas de Elon Musk, Tesla y SolarCity, han cambiado la industria energética generando energía más sostenible y limpia. Y su empresa de cohetes espaciales, SpaceX está cambiando el mundo de la exploración espacial, estudiando la posibilidad de expandir la vida fuera de la Tierra. Su objetivo es colonizar Marte el próximo siglo.

Hoy en día, SpaceX trabaja en una nueva nave espacial que llevará a seres humanos a Marte. El modelo S de Tesla ha cambiado la industria automotriz obteniendo la calificación más alta en los Informes de consumidores y ha desarrollado las más altas características de seguridad. Actualmente Tesla se está preparando para el lanzamiento de su modelo 3, que hará que el transporte limpio sea asequible para más consumidores. En abril de 2016, había ya 400 000 pre-pedidos. Mientras, SolarCity es un importante instalador de paneles solares en Estados Unidos y se ha asociado con Tesla para crear Powerwall, un producto doméstico de energía alimentado por paneles solares que generará energía para los hogares tras la puesta de sol.

Hay muchos visionarios que a lo largo de la historia han cambiado el mundo a través de un propósito. La madre Teresa de Calcuta, galardonada con el Premio Nobel de la Paz en 1979 y fallecida en 1997, creía en ayudar a los moribundos y enfermos. Sus Misioneras de la caridad se expandieron a cientos de países y se convirtieron en miles de hermanas. El científico Albert Einstein cambió la forma en la que veíamos el mundo y el universo con sus teorías sobre la materia, la energía, la luz y la gravedad. Podemos ampliar fácilmente esta lista con muchos otros visionarios, quienes, a través del uso del propósito, fueron capaces de percibir un mundo diferente, un mundo no perceptible para la mayoría de nosotros.

En conclusión, podemos ver cómo los grandes visionarios son capaces de tener un impacto significativo y a largo plazo en el mundo cuando utilizan su propósito como objetivo disruptivo y ético. Las suposiciones utilizadas por Sinek en "El círculo dorado" nos han ayudado a comprobar el vínculo (existente) entre el propósito y un cambio positivo y duradero en el mundo.

LO ESENCIAL

- Visionarios empiezan por el "porqué".

- Propósito sostenido = innovación continua.

- Ejemplos: Apple, Google, Tesla, Pixar.

TUS PRÓXIMOS PASOS

▸ Elige un visionario y resume su propósito en una frase.

▸ Crea tu plantilla Oferta Irresistible.

▸ Define el perfil de tu Cliente Perfecto.

Si necesitas apoyo adicional o acceso a las plantillas para tu desarrollo personal, no dudes en enviarme un correo electrónico a contact@nathalievirem.com.

CAPÍTULO 6 — OBJETIVOS

I.   Acción

Una vez comprendas claramente de lo que eres y cuáles son tus valores y propósito de vida, habrá llegado el momento de crear un plan de acción. Una visión y objetivos.

Tu visión es cómo deseas que sea tu vida en el plazo de un año, cinco años, o incluso 10 años a partir de ahora. ¿Quién quieres llegar a ser? ¿Qué quieres hacer? ¿Quiénes son tus amigos? ¿Dónde quieres vivir? ¿Qué aspecto tiene tu vida sentimental? Sé específico.

Utiliza el tablero visual que has creado en el capítulo dos.

- Creatividad: "cómo soñar a lo grande (lo que deseas),"

Paso 1: «Pide».

Tus metas serán los pequeños pasos que te moverán hacia adelante en dirección a tu visión. Representan lo que ves posible para ti, para los demás y para el mundo. Crea de 3 a 5 metas cada tres meses. Tras ello, lleva a cabo tres acciones diarias en dirección a esas metas.

Crea metas específicas y detalladas, y luego realiza un seguimiento de ellas. No te desanimes si no puedes lograr lo que planeaste en el tiempo que pensabas. Todo tiene un orden divino. Se llega a la meta cuando se está listo para ello y cuando es el momento.

Esta es una buena manera de empezar:

1. Escoge un tema sobre el que te gustaría trabajar. Elige un tema alineado con tus valores y propósito de vida, o con tu ¿por qué estás aquí?

2. Analiza cómo te ves ahora. La forma en que te sientes sobre ese tema o el punto de vista que tienes hoy en día sobre ese asunto.

3. Redefine lo que ves como posible con respecto a ese tema desde distintos ángulos. Este es el momento en el que identificas todas las perspectivas, ángulos o posibilidades imaginables desde el punto de vista del corazón, del héroe, de lo positivo, de lo no tan bueno, de la perspectiva creativa, etc. Acerca y aleja cada uno de esos puntos de vista. Comprueba cómo te sientes con respecto a cada perspectiva y lo que te dice cada una de ellas.

Puede que debas ser paciente, que debas actuar o que sea la primera vez que plantes las semillas antes de recoger una recompensa. El objetivo es mirar a través de diferentes lentes y forzar los límites de estas posibilidades. Pasar de una perspectiva a otra. Tratar de representar, imaginar y sentir cada uno de esos puntos de vista. Permite a tu cuerpo representar esa perspectiva y tu postura, naturalmente, incorporará tu actitud y creencias de manera inherente. Cada perspectiva tendrá su propia actitud y creencia.

4. Depura la lista. Una vez hayas pasado por muchos escenarios, elige un punto de vista o una combinación de varios de ellos. ¿Qué lentes quieres ponerte? ¿Qué

perspectiva es más ingeniosa, creativa y proporcionará una posibilidad de actuación más amplia? ¿Cuál o cuáles perspectivas elegirás y por qué? Asegúrate de que lo que elijas sea positivo y esté alineado con tu propósito y tus valores en la vida. Mantente fiel a ti mismo y a lo que eres. Cierra los ojos y percibe qué se siente. Si sientes que creces o te elevas, es una buena perspectiva. Si te sientes enclaustrado y tu cuerpo se retrae, es probable que no debas seguir esa perspectiva. Observa si la energía fluye a través de tu cuerpo.

5. Revisa y escoge. Por último, si esa perspectiva te hace sentir bien, identifica cómo se puede cambiar y qué curso alternativo de acciones puedes tomar. No actúes con miedo, pensando en circunstancias temporales o por obligación. Asegúrate de que estás celebrando tus valores y propósito de vida a través de tus opciones. Eres libre, creativo y tienes el control de tu vida.

Una vez hecho esto, comprométete con esa manera de ser y con las acciones a tomar y responsabilízate de ello. ¿A qué le dirías que sí?, y ¿a qué le dirías que no?, ¿qué nivel de compromiso quieres alcanzar haciendo esto?, ¿de qué quieres responsabilizarte hoy, esta semana, y este mes?

Una vez decidas el curso de acción, revisa periódicamente tu progreso. ¿Qué ha funcionado y qué no? ¿Qué aprendiste? ¿A dónde quieres ir tras esto?

Es importante actuar. Actuar te enseña a bailar bajo la lluvia y navegar por la vida, lo cual te permite tomar decisiones que están alineadas con tu energía. También te permite avanzar hacia tu propósito de vida.

Cada momento es una oportunidad para tomar la decisión correcta. Es una oportunidad de decir sí a algo que tiene eco en tu interior. Es una oportunidad para decir no a algo que te desvía del "porqué" estás aquí y de tu propósito de vida.

Aprende a tomar decisiones rápidas para evitar dolor. La toma de decisiones es como un músculo que necesita ejercitarse. Tomar decisiones requiere que mires dentro de ti y medites para llegar a conclusiones y actuar. No puedes controlar tus circunstancias, ¡pero puedes escoger la forma de actuar sobre ellas!

II. Dando el primer paso

No dejes para mañana lo que puedas hacer hoy. No supongas nada con respecto a tus instintos. Cuando llegue la oportunidad, ¡tómala!

La creación de lo que aún está por venir se inicia desde la nada. Desde la nada se comienza algo. Ese es el primer paso, y luego el segundo, y así sucesivamente. A medida que sigues actuando para cambiar, las oportunidades llegan y se multiplican hasta que comienzas a hacer lo que yo llamo saltos cuánticos.

Por ello, es importante que tomes el primer paso, incluso si todavía no puedes verlo todo. Incluso si el futuro te es desconocido y poco claro en ese momento.

Empieza en alguna parte; da ese primer paso que puedes tomar hoy.

Para evitar sentirte abrumado, divide tus metas más grandes en pequeñas acciones. Tras ello, efectúa una pequeña acción ahora mismo, inmediatamente seguida por la acción siguiente, y luego la siguiente. Llevar a cabo pequeñas acciones hará que te resulte más fácil abordarlas, y es más probable que puedas seguir avanzando. Una vez que tus acciones se hayan completado, aparecerá una oportunidad tras otra. Incluso aparecerán posibilidades donde nunca hubieses imaginado que las hubiera.

Por lo tanto, la división de tus metas más grandes en acciones más pequeñas sería el primer paso. Si no has pensado en esas pequeñas acciones, no podrás dar el primer paso.

Dar el primer paso cada día es vital. Invierte tus pensamientos, tiempo, energía y dinero en cosas que sean importantes para ti ahora - actualmente - y que estén en sintonía con tus más profundos deseos.

Si no sabes ¿por qué estos objetivos son importantes para ti? te será difícil dar el primer paso. A veces, las circunstancias de la vida te forzarán a dar el primer paso (la muerte de un ser querido, etc.).

Decídete a actuar.

¿Cuál es el precio a pagar si no actúas ahora, si no actúas hoy? ¿Qué es lo peor que puede pasar?

Revisa tu lenguaje corporal: ¿estás sentado derecho, con tu corazón abierto, sonriendo? No te retrases ni adivines. Cuando llega la oportunidad y tu instinto dice que sí, actúa.

No te asustes. Si no lo intentas, nunca alcanzarás lo que te atreverás a tener en la vida. Sé valiente y da el primer paso hoy mismo. Puedes comenzar desde cero y una vez que des el primer paso, lo imposible se hace posible y las puertas se abren, poco a poco.

"Da el primer paso con fe. No tienes que ver toda la escalera, solo dar el primer paso". - Martin Luther King, Jr.

III.   Creando cambios duraderos

Para transformar y conseguir cambios a largo plazo, y convertirte en una nueva persona, crear nuevas creencias y hábitos, tienes que cambiar tu lenguaje corporal, tu comunicación, tu dieta, tus pensamientos, tu espíritu, tu determinación y tu cuestionamiento. Necesitarás lograr el autodominio o mejora continua, crecimiento y evolución. Para tener éxito en el mundo exterior, tienes que cambiar tu ser interior. Recuerda: "tus pensamientos se convierten en tus acciones, las cuales se convierten en tus hábitos, lo cual se convierte en tu carácter, y esto se convierte en tu destino".

Para transformarte, crea un nuevo entorno. Elige cuidadosamente tu entorno, las personas que te rodean, tu casa, tu coche, tu entorno laboral y tu entorno social. Desarrolla nuevas áreas en tu vida como la meditación, las finanzas, la comunicación, la autoestima, la autoconfianza y la neurociencia. Cambia tu entorno y te cambiarás a ti mismo.

Para transformarte tendrás que permitirte cambiar. Date permiso para vivir tus más profundos deseos. ¿Cuánto tiempo vas a esperar para permitirte vivir de la manera que deseas, de la forma en la que soñaste? Date permiso para vivir la vida que deseas y te mereces hoy mismo.

Ten claro lo que quieres y ¿por qué lo quieres? Sé específico y detallado, escríbelo, visualízalo, y siéntelo como si ya lo tuvieses. ¡Habla de ello y no dejes que cualquier cosa frene ese entusiasmo o te dé miedo!

Por último, para transformarte tienes que decidir qué es aquello que realmente deseas cambiar y comprométete con esos cambios que te permitirán una transfiguración. Necesitarás actuar en esa dirección, experimentar situaciones, ajustar y cambiar cosas para asegurarte de que te diriges hacia la dirección correcta. Asegúrate de que tus acciones se alineen con tus valores y propósito de vida. Siéntete comprometido, dedicado, emocionado y agradecido.

Durante tu transformación, atravesarás duros momentos; habrá momentos en los que puedas auto-cuestionar tus decisiones. No te des por vencido, persevera, cree que es posible, cree que puedes lograrlo, y celebra cada paso en el camino.

Sé flexible, trabaja con lo que tienes, y busca las señales. Prepárate para sufrir, siempre hay dolor cuando estamos intentando alcanzar nuestras metas. Si deseas hacer cumplir tus sueños, piensa que debes ser flexible y estar abierto para adaptarte a los distintos entornos. Tendrás que explorar y vivir en situaciones incómodas. Los únicos límites en tu vida serán los que te pongas tú. Sal de tu zona de confort y explora lo nuevo y desconocido para liberar tu verdadero potencial. Por ello, deberás hacer cosas que te dén miedo.

• Empieza anotando los cambios que deseas realizar en tu vida desde puntos de vista personales, de relación y de entorno. Elabora un listado con esos cambios que deseas hacer y las metas que deseas alcanzar en esas tres áreas.

- Cuantas más metas te pongas, más se generará la vibración adecuada para que tus sueños se hagan realidad.

- Siéntete preciso, positivo, presente y apasionado sobre ello.

- Desde el punto de vista personal, escoge acciones para cambiar perspectivas físicas, emocionales, espirituales e intelectuales.

- Desde el punto de vista de las relaciones, escoge acciones para cambiar perspectivas personales, románticas, sociales y profesionales.

- Desde el punto de vista del entorno, escoge acciones para cambiar perspectivas personales, compartidas, sociales y espacios de trabajo.

- Una vez tengas un listado detallado de las acciones, reduce la lista tachando aquellas que no se alinean con tus valores y propósito de vida, y mantén las que sí lo hacen.

Una vez hecho esto, puedes conseguir lo que te propongas. Cree que es posible. Cree que eres digno de conseguir lo que deseas. Cree que te mereces obtener lo que deseas y actúa en dirección a todas estas metas.

LO ESENCIAL

- Metas SMART traducen visión en acción.

- Dividir objetivos grandes en pasos diarios previene la parálisis.

- Compromiso + revisión periódica = avance.

TU PRÓXIMO PASO

▸ Baja y rellena tu plantilla Plan Anual y de 90 Días.

Si necesitas apoyo adicional o acceso a la plantilla para tu desarrollo personal, no dudes en enviarme un correo electrónico a contact@nathalievirem.com. Estoy aquí para apoyarte en tu camino.

«Este programa—posibilitado por una beca de la Fundación Nathalie Virem—no solo me ayudó a comprender los pasos necesarios para iniciar mi propio negocio, sino que también me abrió los ojos sobre la madurez y la autoconciencia que se requieren. Nunca podré agradecerles lo suficiente.»
— **Enzo Malherbe**, Estudiante de EDHEC Business School, UCLA.

CAPÍTULO 7 — DOMINA TU MENTE

I.   Autoestima

Ahora tenemos un plan de acción claro y detallado para que vivas con tu propósito, logres tus deseos más profundos y seas la persona que quieras llegar a ser. El siguiente paso es la construcción de tu espíritu y tu fe.

Los psicólogos han estudiado la autoestima y su correlación con los diferentes parámetros. Sus resultados muestran que la autoestima tiene un profundo vínculo con la felicidad. Como líder, será importante que desarrolles tu autoestima.

La autoestima es el valor que te das a ti mismo. Es nuestra propia percepción. Es la forma en la que nos valoramos. Se llama autoestima porque es un reflejo de cómo te ves a ti mismo.

Un determinado nivel de autoestima es el resultado de cómo nuestro contexto social influye en lo que creemos ser. Por lo tanto, procura sentirte cómodo en tu propia piel y feliz con tu reflejo en el espejo:

- Ámate y acéptate.

- Identifica tus fortalezas. Ve lo positivo en aquellas áreas donde no eres tan fuerte. Transforma tus debilidades en fortalezas y tus dificultades en ventajas.

- Observa lo que te hace único, excepcional, diferente e irresistible.

- Acepta totalmente lo que eres, sé tú mismo, sé real, y sé auténtico para ti y para los demás. No trates de complacer a todo el mundo; perderás tu alma, y a nadie le gustarás. Aprende a decir no.

- Sé vulnerable: permítete ser como eres y no cómo desearías ser. Ámate a ti mismo por lo que eres, y no tengas miedo de ser rechazado.

Sé un poco egoísta y piensa en ti mismo antes que en nadie más, cuídate, cuida tu cuerpo y tu intelecto. Invierte en ti mismo para ayudar a formar ese ser que eres.

No pierdas el tiempo comparándote con los demás. En vez de ello, pasa tiempo buscándote a ti mismo y creando lo que eres.

No critiques a los demás ni a ti mismo. Sé paciente, flexible y compasivo. Empatiza con los demás y contigo mismo.

Permítete tener baja autoestima de vez en cuando. Acepta lo que pasará. Después de todo, es natural.

Puedes aumentar tu autoestima:

- Centrándote en tus valores y sueños; nutriendo tus principales valores; comprometiéndote con tus sueños; actuando y corriendo riesgos para alcanzar tus metas.

- Cuídate, invierte, y fórmate a ti mismo.

- Crea tu propia felicidad y mantente conectado con ella.

Los ejercicios que figuran a continuación te ayudarán a construir tu autoestima:

1. Cada mañana, mírate en el espejo y di que tienes valor; que eres creativo, ingenioso, pleno, magnífico e inteligente. Ámate y di que estás muy orgulloso de aquello en lo que te has convertido. Ama tu vida, ama tus viajes y ama tus aficiones.

2. Di que mereces el tiempo, esfuerzo e inversión puestos en conseguir lo que deseas.

3. Siente que mereces la recompensa y el reconocimiento que llega con el trabajo duro respecto a todo aquello que deseas.

4. Di: «puedo hacerlo, voy a tener éxito, creo en mí, te amo y gracias».

5. Utiliza el tiempo presente al realizar este ejercicio.

6. Visualiza el universo como un lugar agradable, ya que vale la pena estar aquí.

7. ¡Y procura no autocriticarte y no criticar a los demás durante una semana!

II.   Autoconfianza

La autoconfianza es la creencia de que puedes alcanzar el éxito. Es tu capacidad de pensar que puedes lograr lo que deseas. La autoconfianza influye en cómo actúas para obtener lo que es importante para ti. Representa la confianza y la fe en uno mismo. Es tu capacidad para mirar tu potencial, utilizarlo y transformar tu vida. La autoconfianza te permitirá llegar a una nueva dimensión, abrir puertas a un nuevo potencial.

El nivel de autoconfianza es generalmente el resultado de la superación de retos con éxito. Varios estudios realizados desde la década de los setenta han demostrado que la autoconfianza está estrechamente relacionada con los logros individuales y es la clave del éxito.

Practica lo que puedas para reducir la brecha entre tu potencial y los resultados obtenidos, invirtiendo en tu desarrollo personal a través de libros, audios, videos, formación, seminarios y cursos. También puedes contratar a un *coach*, conocer a las personas que te inspiran, etc. La autoconfianza se construye sobre logros sólidos.

Cuando tu "porqué" o propósito es muy sólido, tu autoconfianza se expandirá exponencialmente. Sabrás exactamente qué hacer. Habla de tus sueños, rodéate de personas que tienen autoconfianza e inspírate.

Cambia tu postura: tu manera de caminar, sentarse, hablar y escuchar. Camina erguido con el corazón y el pecho abiertos.

Lleva los hombros atrás, afloja el abdomen, sonríe y respira desde el vientre; cierra los ojos un instante y disfruta.

Cambia tu lenguaje y, tras ello, cambia el modo en el que transmites tus historias a una frecuencia más elevada y energética. Sé dueño de lo que dices.

Acepta el hecho de que nunca podrás ser perfecto, pero eso no es lo importante. La confianza trata sobre enfrentarse a los obstáculos y ser consciente de que todavía estás vivo, incluso cuando falles. Sé persistente y aprende a empezar mejor la próxima vez.

Para tener autoconfianza, practica y acostúmbrate a hacer cosas con las que no estás familiarizado o de las que tienes miedo, aquellas que encuentras difíciles, o las que te hagan sentir cierto dolor. Actúa y sal de tu zona de confort.

Valora cada momento como una oportunidad para crecer.

Aprende a asociar el dolor, el miedo y el malestar con el placer. La autoconfianza es un músculo que necesita ser ejercitado una y otra vez; un músculo que crece y se desarrolla a medida que se avanza. Por lo tanto, prueba cosas nuevas, explora y practica cosas que te saquen de tu zona de confort. No temas al fracaso. No tengas miedo a fallar y vuelve a ponerte en pie, de este modo también aumentarás tu autoconfianza. Porque todo lo que genera dolor y malestar otorga una oportunidad a largo plazo. Esta es una lección ya aprendida. Recuerda que todo sucede por una razón y que todo tiene un orden divino. No lamentes nada, cada experiencia en tu vida ha sido una experiencia de aprendizaje. Si tienes miedo a algo que llevas en el corazón, ¡hazlo!

Trabaja con lo que tienes, lo que has aprendido en nuestros videos anteriores, lo que quieres, ¿por qué lo quieres?, y lo que es más importante para ti ahora: familia, amigos, viajar, amor, fe, etc.

Define una pequeña acción para hoy, en sintonía con tu visión, porqué o propósito. Hazlo incluso si es algo que te hace sentir incómodo.

Cada éxito tiene que celebrarse. La autoconfianza es uno de los músculos más importantes para ese éxito. Celebra cada victoria, cada pequeño paso.

Para construir autoconfianza:

1. Háblate a ti mismo en voz alta. Di y cree que puedes lograr lo que deseas.

2. Habla de tus sueños, ¡y no dejes que nada frene ese entusiasmo!

3. Aprende a disfrutar pidiendo más y aprende a decir no. Pide un aumento de sueldo, pide un descuento, etc. Dile no a aquello que ya no alimenta tu espíritu.

4. Comprueba cómo sería no quejarte durante una semana y actúa. Da el primer paso. Lleva a cabo una pequeña acción, falla, aprende, vuelve a llevar a cabo otra acción pequeña y cuando obtengas éxito, celébralo. Prueba cosas nuevas, una y otra vez. Corre riesgos. Practica algo

nuevo esta semana, acude a un evento o lugar en el que no hayas estado antes, conoce a gente nueva, o habla con alguien con quien no sueles hablar. Practica cosas desconocidas para ti. Comprométete a comer más sano o hacer más ejercicio. Asume riesgos y siéntete incómodo.

III.   Miedo al fracaso y estrés

El fracaso es clave para la iniciativa empresarial. Como empresario, y a fin de alcanzar el éxito, deberás aprender a gestionar tanto el miedo al fracaso como el estrés, ya que ambos serán parte de tu camino hacia el éxito.

Si no haces nada al respecto, habrás fracasado.

El miedo al fracaso está profundamente relacionado con el número de fracasos y la frecuencia con la que fallas. Es una cuestión de estadística: cuantos más intentos, más probable es el éxito.

Cambia tu percepción para ver el fracaso como algo bueno y, así, desarrollar tu capacidad para fallar (y tener éxito), o lo que es lo mismo, el reto de convertirte en la persona que es capaz de pedir cualquier cosa y pedirlo todo. Por ejemplo: pide ese aumento de sueldo que has estado esperando durante mucho tiempo.

Cambia tu lenguaje: sé positivo y procura no juzgarte, criticarte y desvalorizarte, tanto a ti mismo como a los demás.

Busca el porqué: ¿Por qué quieres hacer algo o por qué ese algo es importante para ti?, para tu comunidad o para el mundo. Pregúntate si es mejor no hacer eso y lamentarte, o hacerlo y probablemente fracasar. Recuerda que la única manera de fracasar es no intentándolo, ¡o dándote por vencido antes de alcanzar el éxito!

Recuerda que es imposible no sentir miedo, todos sentimos miedo. Esa sensación es uno de los ingredientes en el camino hacia el éxito. Es parte de tu vida. El miedo es necesario para que podamos protegernos. Así que permítete asustarte.

Adora el miedo. Acepta el miedo y el malestar. Si tienes miedo a algo, ¡hazlo! Cambia tu percepción sobre el miedo y míralo desde un ángulo diferente. De hecho, míralo a través de distintas lentes.

Aprende a ser consciente de cuando tienes miedo. Aprende a identificar tu nivel de miedo (garganta, estómago, etc.). Trata de controlar las pequeñas señales del miedo antes de que lleguen los síntomas más graves (adrenalina, ritmo cardíaco acelerado, manos sudorosas, pensamientos negativos...).

Imagínate a ti mismo sintiéndote seguro con tus miedos.

Rodéate de personas a las que les gusta el miedo. Personas que se sienten bien con ello y obtienen satisfacción de ello.

El miedo es el camino hacia el éxito. Aprende a transformar el miedo en poder. El miedo te guiará. Si no te sientes preparado, lo mejor es dar un pequeño paso. Visualízate a ti mismo dando ese pequeño paso. Visualízate a ti mismo teniendo éxito al dar ese pequeño paso. Visualízate a ti mismo celebrando esa victoria.

Lo mismo ocurre con el estrés. Aprende a ver el estrés como una oportunidad. Cambiar tu perspectiva sobre el estrés, te ayudará a eliminar sentimientos negativos y, por lo tanto, a cambiar tu realidad externa.

Para controlar el estrés, aprende a respirar: empieza enfocándote en el estómago y, tras ello, respira profundamente y llena el estómago por completo, como si fuera un globo. Aprende a observar los síntomas físicos del estrés. Despréndete de las emociones, trata de no juzgarte y simplemente observa.

Estas son algunas técnicas para controlar mejor el estrés y el miedo:

1. Saca el estrés o el miedo al exterior de tu cuerpo.

2. Sostén ese miedo o estrés en tus manos, y luego míralo desde lejos.

3. Respira suave y profundamente desde tu estómago.

4. Quédate de pie, erguido y con el corazón abierto y los hombros hacia atrás, y sonríe.

Pregunta a tu sentido común: "¿te sientes abierto o retraído?". Si la respuesta es que te sientes abierto, avanzando hacia adelante, ¡entonces ve por ello! Si te sientes retraído o enclaustrado, entonces no lo hagas.

IV.   Valentía y vulnerabilidad

Para confrontar mejor tu miedo al fracaso, deberás aceptar tu vulnerabilidad. Si te atreves a ayudar a hacer del mundo un lugar mejor, será fundamental tener valentía. Sé valiente para ser quien eres, para llevar a cabo tu misión en este mundo, para mostrar tus sentimientos y hablar de tus deseos más profundos. Date permiso para ser quien eres, para ser amado por lo que realmente eres, por tu singularidad. Date permiso para soñar a lo grande, más allá de lo que piensas que podrías alcanzar o en lo que podrías convertirte. Ve lo posible donde otros ven lo imposible. ¿Y si fuera posible? ¿Por qué es importante para ti? ¿Tiene aquello que deseas eco en tu interior?

Prepárate para ser rechazado por lo que eres y por lo que crees. Posiblemente encontrarás obstáculos en tus seres queridos y amigos. Esto sucede porque tus seres queridos y amigos tienen miedo a los retos que te has establecido, y ellos no tendrían el valor de enfrentarse a esos mismos retos. Es algo natural. Ellos te dirán que aquello con lo que sueñas es poco realista. Sin embargo, te observarán desde lejos y, posiblemente, sentirás falta de ánimos y apoyo. Cuanto más sientas que la gente se comporta de un modo cínico con respecto a aquello que estás intentando lograr, más debes confiar en que te mueves en la dirección correcta. Sabes que no estás aquí para sobrevivir, estás aquí para prosperar. Y para prosperar, debes asumir riesgos y actuar.

Una vez que tengas todo claro en tu interior, todo será posible en el exterior. Te resultará más fácil ser valiente y estar abierto a la vulnerabilidad. Saber de entrada lo que quieres y

¿Por qué lo quieres? El cómo es algo desconocido, pero lo que importa es el porqué. El porqué creará una vibración que activará tu sistema nervioso.

Entonces, tu sistema nervioso seleccionará la información en torno a ti, los comportamientos a desarrollar, y las lecciones a aprender a fin de repararte y mejorar como ser humano. Una vez que estos elementos se combinen y se coloquen en su sitio, estarás listo para llevar a cabo tu misión y te acercarás a aquellos círculos con los que necesitas interactuar con el objetivo de convertirte en la persona que deseas llegar a ser y lograr los resultados que deseas alcanzar.

Prepárate para sufrir dolor y encontrar el camino hacia la plenitud. Observa cuidadosamente el precio que tienes que pagar para que tus sueños se realicen. Siempre hay un precio a pagar. La mayoría de la gente quiere tener éxito, fama y poder y, cuando lo consiguen, no están dispuestos a renunciar a su vida personal y privada, ni tampoco quieren renunciar a pasar tiempo con sus seres queridos. Por ello, asegúrate de desear algo que esté en perfecta alineación con tus valores, con tu propósito y con tu corazón.

Ten el valor de actuar. Practica cosas que no sabes hacer y sé fuerte.

Sé vulnerable: admítelo cuando estés asustado, enfadado o tengas dudas, y habla sobre tus áreas a mejorar, tus luchas y tus obstáculos.

Comprométete al cien por ciento con lo que crees en tu interior y con lo que eres. Decide actuar y no te preocupes por los demás. Practica todo lo posible para que suceda lo que deseas. El mundo está en tus manos, y por ello debes decidir qué es importante para ti. Toma el control de tu vida. ACTÚA. Nada sucederá si no actúas. Da pequeños pasos para empezar y confirmar que estás trabajando en ello. Después, sigue acciones radicales para llevar a cabo cambios a largo plazo que te ayuden a realizar tus sueños.

Es imposible esperar un resultado diferente si hacemos lo mismo una y otra vez. Por lo tanto, es necesario cambiar la fórmula, hacer cosas nuevas, ir a sitios nuevos, y hablar con la gente con la que no estás acostumbrado a hablar.

Visualiza el video TEDx Talk "El poder de la vulnerabilidad" de la Dr. Brené Brown, quien ha pasado más de una década estudiando la vulnerabilidad y el valor. En este video se explica cómo la vulnerabilidad es la cuna de la innovación, la creatividad y el cambio.

Para ver el video de la Dr. Brené Brown, entra en: www.ted.com/talks/brene_brown_the_power_of_vulnerabil ity/transcript?language=es.

V.   Dominando la mente

Nos convertimos en lo que pensamos y atraemos aquello en lo que pensamos. Lee el libro *"El secreto más extraño"* de Earl Nightingale. Lo que eres hoy en día es el resultado de lo que pensaste y de las acciones que llevaste a cabo en el pasado.

Concéntrate en lo que deseas, no en lo que no deseas. Pon toda tu atención en las cosas que deseas. Piensa en tus metas y deseos cada mañana. No prestes atención ni pongas tu energía en las cosas que no deseas en tu vida. Ponte a favor de algo. Cuando veas que en tu vida hay cosas que no deseas, no hables o escribas sobre ellas, pero tampoco presiones en su contra. En vez de ello, déjalo estar, permite que las emociones fluyan y presta atención a las cosas que deseas.

Está comprobado que una nueva actitud, positiva o negativa, envía nuevos mensajes a las células del cuerpo y reprograma la salud y el comportamiento de nuestra estructura celular. Cuando pensamos de forma positiva, podemos convertir las células enfermas en células sanas.

En el campo de la medicina se conoce como "efecto placebo" el poder curativo de la mente; tú aplicarás esa misma fuerza para reprogramar tus creencias y hábitos. Y consiste en casos de gente que ha sabido curarse a sí misma gracias exclusivamente a sus pensamientos. A los pacientes se les hace creer que el medicamento que están tomando curará sus dolencias, pero, y sin que ellos lo sepan, el "medicamento" es falso. En lugar de que la medicina cure al paciente, es su creencia de que el placebo funciona lo que les proporciona una cura. No es la "medicina", sino el poder de sus mentes lo que realmente está curándolos. La clave está en sus pensamientos. La mente humana es un factor muy importante en el proceso de curación, a veces más que los propios medicamentos suministrados. Hoy en día, existen varios estudios que demuestran este efecto placebo (o el poder de la conciencia).

Visualiza constantemente lo que quieres como si ya lo tuvieras. Visualiza, visualiza, visualiza. No funcionará si solo lo haces una vez. Cree que es posible crear el mundo que deseas a la vez que permites al mundo que otros opten por estar ahí y coexistir.

Cuando sueñas a lo grande, cambias tu manera de pensar, cambias tu sistema nervioso, creando satisfacción y encontrando soluciones de manera natural. La clave reside en tus pensamientos. Si puedes controlar tus pensamientos, enfocándolos hacia lo que quieres y hacia aquello con lo que sueñas, todo será posible y todo llegará a hacerse realidad. Tus pensamientos son vitales. Percibe las emociones que sientes cuando piensas que tienes lo que deseas, como si ya lo tienes.

Cambia los pensamientos negativos a positivos. Cuando tienes un pensamiento negativo, procura cambiarlo rápidamente para que sea un pensamiento positivo. Cuando el pensamiento negativo es sobre algo, en lugar de sobre alguien, suele ser más fácil cambiar ese pensamiento hacia lo positivo. Esto es más difícil de hacer cuando esos pensamientos negativos están relacionados con alguien que no te agrada o estás discutiendo con alguien. Te daré un consejo que te ayudará a poner en práctica todo tu esfuerzo para cambiar ese pensamiento negativo: crea una lista de las cosas positivas de aquella gente con la que posiblemente no te lleves muy bien. Intenta ver lo bueno en ellos, lo positivo de ellos. De esta manera, si vuelves a ver a alguna de esas personas y resulta que no muestra un estado de ánimo o actitud en consonancia con la tuya, vuestras vibraciones no estarán alineadas y el conflicto no se dará.

Aprende a vivir el tiempo presente, el ahora. Como Eckhart Tolle indica: "sé totalmente consciente de que el momento presente es lo único que tienes. Haz que el ahora sea el enfoque principal de tu vida".

El Sr. Tolle va más allá al afirmar: "desde el momento en el que respetas el tiempo presente, la infelicidad y el conflicto se disuelven, y la vida empieza a fluir con alegría y facilidad. Al representar conscientemente el momento presente, cualquier cosa que hagas estará impregnada de un sentido de calidad, cuidado y amor - incluso la acción más sencilla".

Otro consejo que Eckhart Tolle ofrece es: "observa cualquier planta o animal, y deja que te enseñe la aceptación de lo que eres, que te enseñe a entregarte al Ahora".

Para cambiar positivamente el mundo, debes empujarte a ir más allá. Ponte a prueba para, literalmente, trasladarte a una dimensión diferente. Ten la mente, energía, perspectiva y espíritu de un campeón olímpico.

Realiza ese impulso y esfuerzo extra. Sé persistente, insistente y regular. Mejora, ajusta y practica, practica, practica. La magia llegará cuando te superes a ti mismo.

Practica la meditación habitualmente. Se ha demostrado que la meditación no solo ofrece beneficios para la salud, sino que también ayuda a las personas a cambiar su estructura cerebral mediante la creación de nuevas conexiones neuronales.

Compra y completa la Experiencia de 21 días de meditación de Deepak Chopra, ingresando en el sitio web a través del URL www.deepakchopra.com/articles/21-day-meditation-challenge.

Recuerda que los milagros no existen. Tú eres quien manifiesta todo lo que sucede en tu vida. Tus sueños se hacen realidad porque tú creaste la energía para que puedan existir.

Eres el único que puede pensar por ti mismo.

"Todo lo que somos es el resultado de lo que hemos pensado". – Buda.

Si necesitas apoyo para ayudarte a avanzar, visita www.nathalievirem.com/strategic-session-application para reservar una sesión de planificación estratégica. En esta sesión trabajaremos juntos para descubrir qué es aquello que te bloquea y poder avanzar.

«Nathalie consolidó con éxito su amplia experiencia, integrando propósito, fortaleza mental y liderazgo discernido con estrategias empresariales científicas, prácticas e intuitivas comprobadas. Su programa único y completo es incomparable con cualquier otra oferta en el mercado. Combina un modelo de liderazgo innovador con estrategias empresariales probadas.»
— **Dominique Ellis Perez**, *Fundadora de Ellis in LA*

LO ESENCIAL

- La autoestima y autoconfianza se entrenan.

- Reencuadrar el miedo y el estrés libera creatividad.

- La vulnerabilidad es la puerta a la valentía.

TUS PRÓXIMOS PASOS

▸ Practica estos 4 pasos para alcanzar tus metas. Si quieres otros resultados, debes cambiar tus creencias:

1. Identifica una creencia negativa «Si no soy rentable, soy un fracaso», y cámbiala por una positiva «Soy rentable y soy un éxito».
2. Ahora tu emoción pasará de ansiedad y frustración a empoderamiento.
3. Y tu acción pasará de "invertir" con miedo a "invertir" con seguridad.
4. Y tus acciones definirán tus resultados, en este caso, atraerás más abundancia y dinero a tu vida.

▸ Completa tus plantillas "Eleva Tu Autoestima" y "Mejora Tu Autoconfianza".

Si necesitas apoyo adicional o acceso a las plantillas para tu desarrollo personal, no dudes en enviarme un correo electrónico a contact@nathalievirem.com. Estoy aquí para apoyarte en tu camino.

CAPÍTULO 8 — CAMBIO POSITIVO Y DURADERO

I.   Éxito

El éxito es algo personal. Para dar el primer paso hacia el éxito, tienes que identificar lo que significa el éxito para ti personalmente. El éxito es diferente para cada persona, ya que no todo el mundo quiere las mismas cosas.

El éxito viene desde el interior, siendo el resultado de tu auténtica voz. Una voz alineada con tus valores y tu propósito. Cuando te expreses en tu verdadera voz interior, no podrás dejar de tener éxito. Una vez tu voz interior y tu propósito queden claros, dominarás tu vida.

Existimos para crear el mundo que elegimos, y también para permitir que otros creen el mundo que eligen para existir. Porque la vida es ilimitada y abundante, y hay recursos ilimitados para que todos nosotros tengamos éxito.

Como hemos aprendido anteriormente en este libro, el primer paso hacia el éxito es la exploración. Es decir, ser claro y específico sobre lo que se desea y ¿Por qué se desea? La autoexploración tiene en consideración tus valores, tu entorno, tu propósito de vida, tu objetivo empresarial y la forma en la que todos ellos se relacionan.

Para hacer de tu propósito una realidad, debes intentar visualizar. Visualiza tu propósito como si ya tuvieras lo que querías y observa cómo te sientes cuando visualizas que tienes lo que deseas. Convierte ese deseo en un ardiente deseo, de manera que puedas actuar con disciplina y entusiasmo.

Una vez que tengas claro el ¿por qué estás aquí (tu propósito de vida, y el ¿por qué tu negocio existe?) será el momento de actuar hacia objetivos a corto y largo plazo a fin de obtener la realización de aquello que deseas. Para tener éxito, aprende a tomar decisiones. Para tener éxito, piensa en la posibilidad de comprometerte completamente con aquello en lo que quieres tener éxito. Es decir, ¡involúcrate!

Asume riesgos, experimenta cosas nuevas. Recopila esas experiencias que marcarán la calidad de tu éxito, y activa esas experiencias de manera regular.

Cuanto más experimentes, más te desarrollarás y progresarás. Después, aprende de cada experiencia. Pregúntate: ¿qué he aprendido?, ¿qué haría de manera diferente la próxima vez? Pasa algo de tiempo evaluando tu progreso. Al final de cada día, piensa en lo que has logrado y en lo que harías de manera diferente mañana. Sé consciente de tus errores y realiza mejoras inmediatas en base a aquello que aprendes de tus errores.

El éxito suele tardar en llegar varios pasos. Puede fallar en primera instancia y, entonces, aprenderás de la experiencia. Tras ello, serás capaz de cambiar la ecuación hasta que finalmente consigas el éxito. El fracaso es algo temporal, porque cuando el propósito viene a ti y te apasiona lo que haces, en última instancia, tendrás éxito. Los obstáculos que se te presenten durante el viaje te aportarán valiosas lecciones que te prepararán para el éxito. Aprende a cambiar las preguntas que sueles hacerte a ti mismo y a los demás.

Rodéate de personas que te inspiran y tienen capacidad de tener éxito de la forma en la que desearías tenerlo tú.

Modélate a su imagen y semejanza, liberando lo que ya tienes en ti mismo. Lee sus biografías para comprender mejor lo que les hace tener éxito.

Confía en los demás. Valórales. Dales la oportunidad de cambiar y tener éxito de la forma en la que tú deseas tenerlo.

Por último, habla de lo que quieres una y otra y otra vez. Aprende a hablar de aquello que valoras, lo que te importa.

Las personas que saben lo que quieren y porqué lo quieren, aquellas que tienen metas establecidas hacia el logro de lo que quieren y que son capaces de hablar de lo que quieren, son las que tienen éxito más rápidamente.

Ten claro lo que deseas tener, actúa en esa dirección, falla, cambia y no te des por vencido hasta lograr el éxito.

Esto es lo que te reto a hacer esta semana:

1. Aclarar porqué es importante para ti llevar a cabo ciertas acciones.

2. Actuar en dirección a lo que deseas lograr.

3. Observar esa acción en retrospectiva y decirme qué has aprendido de ello, y lo que harías de manera diferente la próxima vez. Lee los libros *"Los principios del éxito"* de Jack Canfield y *"Las siete leyes espirituales del éxito"* de Deepak Chopra.

Envíame todo eso a: contact@nathalievirem.com. Te invito a una sesión estratégica para definir tu plan de éxito.

II. Saltos cuánticos

Los saltos cuánticos te ayudarán a acelerar el éxito.

En la física cuántica, un estado concreto se desplaza a un estado diferente de manera instantánea, radicalmente. Tras un salto cuántico, percibirás oportunidades que no eras capaz de percibir antes. Estarás accediendo a una nueva dimensión. Ahora estás viendo las cosas con una mentalidad diferente, y las oportunidades se vuelven más claras y se multiplican.

Estas son algunas maneras de desencadenar un salto cuántico:

1. En primer lugar, podrás dar un salto cuántico cuando experimentes cosas nuevas. Si haces las mismas cosas una y otra vez, experimentarás un crecimiento lineal, pero no un salto cuántico. Por lo tanto, piensa en la posibilidad de hacer esas cosas que te asustan y que parecen demasiado grandes, o muy desafiantes. Cuanto más alto llegues, más cerca estarás de una nueva dimensión. Para desencadenar un salto cuántico, permanece abierto con el fin de transformar continuamente nuevos retos en oportunidades. Entonces, la conciencia crecerá. Cuando logres esto, verás como aquello que pensabas que sería difícil, ahora que eres capaz de hacerlo, se ha vuelto más fácil. Ya no verás las cosas de la misma manera o en la misma frecuencia. Serás una persona nueva. Y tu próximo reto será aún más grande que el que acabas de lograr, al cual ahora percibirás como algo diminuto.

2. Tu mente forma la dimensión en la que vives. Hoy en día, tu dimensión está formada por los pensamientos, sentimientos y comportamientos de tu pasado. Tus comportamientos pasados determinan tu éxito actual. Piensa en la posibilidad de cambiar los pensamientos y sentimientos que tienes sobre ciertas experiencias si deseas cambiar la química de tu cuerpo y crear nuevos comportamientos, y, en última instancia, un nuevo destino.

3. Tu sistema límbico viaja a través del tiempo. Visualiza la vida que quieres y sientes. Entonces, tu sistema nervioso creará una serie de conexiones neurológicas a fin de cambiar la química de tu cuerpo. Piensa en tus sueños y siéntelos como si ya los hubieras logrado. Cuanto más los sientas, más serás esa persona en la que quieres convertirte. Una vez alcances esa química, piensa en los comportamientos, pensamientos y creencias que una persona necesita tener si quiere alcanzar esos sueños.

«La experiencia ha sido absolutamente increíble. Estoy aprendiendo muchísimo: no solo sobre la logística y el plan de negocios, sino sobre el propósito detrás de mi empresa y cómo realinear ambos. Reflexiono a diario si avanzo en una dirección que no solo lleva mi negocio al éxito, sino que también cumple ese propósito para mí y para los demás. Muchas ideas que hoy resonaron fueron sobre el diálogo interno que usamos como emprendedores. Estoy muy agradecida de haber conocido a Nathalie y su taller, y lo recomendaré a amigos que están iniciándose en el emprendimiento.»

— **Chef Pyet DeSpain**

MICRO-CASO CHEF PYET DESPAIN

La chef Pyet DeSpain descubrió el poder de alinear su propósito con su visión empresarial en un taller de la Fundación Nathalie Virem en 2019. Fusionó su herencia nativo-americana y mexicana con su pasión por la cocina, lo que la llevó a ganar "Next Level Chef" de Gordon Ramsay en 2022. Este caso muestra cómo un ajuste interno —propósito y mentalidad— puede desencadenar un salto cuántico en resultados.

III.   Contribuir

Para recibir, tienes que dar.

Para ganar dinero, tienes que invertir.

Para ser amado, tienes que amar.

Para generar confianza, tienes que confiar.

Para inspirar, tienes que sentir inspiración.

Esa es la Ley de Causa y Efecto: cualquier cosa que des, recibirás. Es una ecuación sobre dar y recibir. No puedes recibir sin dar.

De esta manera, cuando tengas éxito, tendrás que dar algo a cambio a fin de sustentar ese éxito. Se te otorgó el éxito por una razón. Es tu responsabilidad devolver algo de lo que se te dio.

Una vez que tengas éxito, conviértete en el faro para que otros también tengan éxito. En primer lugar, tendrás que llegar allí. Y una vez allí, entonces deberías ser capaz de devolver esa luz para ayudar a otros a llegar hasta allí.

La Ley de Causa y Efecto no es un concepto nuevo. Lee el libro *"El juego de la vida y cómo jugarlo"* de Florence Scovel Shinn. Publicado por primera vez en 1925, este libro explica la clave de la vida a la que ahora nos referimos como la Ley de Causa y Efecto, el Karma, o el dar y recibir. La autora afirma que la vida es un juego de dar y recibir. Hoy en día, es más que un juego: es la clave para el éxito. Es importante entender que lo que sacamos al mundo, ya sea un pensamiento o una acción, se nos devolverá y afectará la calidad de nuestras vidas.

LO ESENCIAL

- Éxito genuino = Propósito + Contribución

- Saltos Cuánticos ocurren fuera de la zona de confort.

- Aprender a Recibir y a Dar reproduce el ciclo de abundancia.

TU PRÓXIMO PASO

▸ Haz hoy la diferencia: usa tu saber, tus conexiones o tus recursos para ayudar a alguien que lo necesite.

CONCLUSIÓN – VIVE CON PROPÓSITO

Vive con propósito. Como dijo Abraham Maslow, "los músicos deben hacer música, los artistas deben pintar, los poetas deben escribir si desean estar en paz con ellos mismos. Todo lo que los seres humanos pueden ser, tienen que ser. Deben ser fieles a su propia naturaleza. Esta necesidad que podríamos llamar autoactualización... se refiere al deseo del hombre de realizarse a sí mismo. Es decir, a la tendencia de que se convierta en realidad aquello que es potencial: convertirse en todo lo que uno es capaz de llegar a ser".

Conviértete en todo lo que puedes ser y encontrarás la felicidad eterna. Y confía en que cuando el propósito venga a ti, en última instancia, el mundo cambiará.

Eso es lo que espero que hagas. Espero que alcances tu propósito para que puedas ayudar a los demás a alcanzar su propósito también. Si lees este libro es que has sido llamado a servir a aquellos con un propósito.

Como he mencionado al principio de este libro, cada camino para lograr una vida con propósito es único, y algunas personas tendrán ante sí caminos más duros o largos que otras. Ahora que has leído el libro, aproxímate diariamente a las estrategias que he compartido contigo para garantizarte el éxito a la hora de generar un cambio positivo y duradero en el mundo.

Con estas últimas palabras, me entrego. Mi libro es mi regalo para ti, visionario. Ahora es el momento de dejar que te vayas y confíes en que todo eso que deseas te va a pasar, como debe ser.

¿QUIERES PROFUNDIZAR Y ALINEAR TU PROPÓSITO CON TU NEGOCIO?

Trabaja directamente conmigo a través de mi programa de coaching ejecutivo. Te guiaré paso a paso para diseñar y ejecutar tu visión de impacto.

Contáctame: contact@nathalievirem.com

TU MAPA DE IMPACTO EN 3 PASOS

Ahora que conoces el camino, ponte en marcha con este Mapa de Impacto:

1. Escribe tu "porqué" personal y empresarial.

2. Elige una acción de un capítulo y complétala hoy.

3. Comparte tu experiencia con un colega o en tus redes usando #ViveConPropósito y evalúa.

▸ Con estos 3 pasos, sellas tu compromiso y conviertes la lectura en cambio real. ¡Adelante!

AGRADECIMIENTOS

Para quienes viven con propósito.

Los soñadores. Los alquimistas. Los inconformistas.

Tú que crees en lo imposible,

que no tienes paciencia para aceptar un "No"

ni tolerancia para la limitación de tus creencias.

Puede que te respeten, te critiquen, te admiren o te difamen,

pero no desaparecerás,

porque estás hecho de infinito poder, amor y energía.

Eres inventor y creador de todo,

y mientras otros te tildan de loco, yo solo veo mago.

Porque quien vive con un propósito, redefine la humanidad.

Vive con propósito.

Nathalie Virem

Vive con propósito www.nathalievirem.com

139